Gabriele Haefs

AF641590

111 Orte in Oslo, die man gesehen haben muss

Mit Fotografien von Kerstin Reimers

111

emons:

Bibliografische Information der Deutschen Nationalbibliothek
Die Deutsche Nationalbibliothek verzeichnet diese Publikation in der Deutschen Nationalbibliografie; detaillierte bibliografische Daten sind im Internet über http://dnb.d-nb.de abrufbar.

MIX
Papier aus verantwortungsvollen Quellen
FSC® C043106

© Emons Verlag GmbH
Alle Rechte vorbehalten
© der Fotografien: Kerstin Reimers, außer:
Ort 5, 89: © Wikimedia Commons/Helge Høifødt;
Ort 21 oben: © Helene Hasselknippe; Ort 22: © unsplash.com/Yilli Gashi;
Ort 24, 84: © Niklas Østergaard; Ort 39 unten: © Jan Erik Johnsen;
Ort 58: mauritius images/Peterforsbergphotography/Alamy;
Ort 71: © selvaag.no; Ort 76: © MIA, Museene i Akershus, Norge;
Ort 91: © Signe Helland Nyberg© Covermotiv: shutterstock.com/Tsuguliev
Gestaltung: Eva Kraskes, nach einem
Konzept von Lübbeke | Naumann | Thoben
Kartografie: altancicek.design, www.altancicek.de
Kartenbasisinformationen aus Openstreetmap,
© OpenStreetMap-Mitwirkende, ODbL
Druck und Bindung: Grafisches Centrum Cuno, Calbe
Printed in Germany 2022
ISBN 978-3-7408-1088-7

Unser Newsletter informiert Sie
regelmäßig über Neues von emons:
Kostenlos bestellen unter
www.emons-verlag.de

Vorwort

Im Quartett der skandinavischen Hauptstädte – Helsinki, Kopenhagen, Oslo, Stockholm – ist Oslo die kleinste und noch immer am wenigsten bekannte. Oslo hat auch die kürzeste Fahrtzeit als Hauptstadt aufzuweisen – erst seit 1905 hat es diesen Posten inne. Vorher: knapp 100 Jahre Union mit Schweden, davor mehr als 400 unter dänischer Herrschaft, und noch vorher gab es keine Hauptstädte im heutigen Sinn und andere Orte in Norwegen waren wichtiger. So etwa Tønsberg, die älteste Stadt Norwegens überhaupt. Vielleicht erklärt sich dadurch eine gewisse Osloer Trotzhaltung: Die in Tønsberg ausgegrabenen Wikingerschiffe zum Beispiel sollten nur zu Forschungszwecken eine Zeit lang nach Oslo gebracht werden, werden aber trotz aller wütenden Forderungen der älteren Stadt an der Mündung des Oslofjords nicht zurückgegeben. Nirgendwo in Europa ist es so leicht, den Denkmalschutz auszuhebeln, ob es sich nun um das Haus handelt, in dem Edvard Munch seine prägenden Jahre verbracht hat, oder ein einzigartiges Wandbild von Picasso. Und der Hang zu Prestige- und Protzbauten ist in Oslo ungebrochen.

Auch davon erzählt dieses Buch, zeigt aber vor allem das »andere« Oslo, wo trotz allem die Vergangenheit zum Greifen nahe ist, wo sich die Stammgäste über norwegische Hausmannskost freuen, wo Inselidyllen, originelle Läden und kuriose Sehenswürdigkeiten locken.

In der nahen Umgebung von Oslo gibt es ebenfalls zahlreiche reizvolle Ausflugsziele. Ein guter Tipp kann es sein, sich dort einzuquartieren, die Gegend zu erkunden und Tagesausflüge nach Oslo zu unternehmen. Unterkunft und Essen sind in den Orten der Umgebung sehr viel billiger!

Viel Freude beim Entdecken!

Wichtig für die Orientierung

In Oslo (und in Norwegen überhaupt) ist ein bisschen Wissen über die norwegische Sprachgeschichte hilfreich. Reisenden fällt sehr schnell auf, dass viele Orts- und Straßennamen in unterschiedlichen Schreibweisen auftauchen: Akersgate, Akersgata und Akersgaten zum Beispiel. Das liegt daran, dass im Norwegischen der bestimmte Artikel an das Wort angehängt wird: Akersgate = Akersstraße. Akersgaten und Akersgata = die Akersstraße. Das könnte ganz einfach sein, aber es gibt verschiedene Möglichkeiten, diese bestimmte Form zu bilden, wie das Beispiel Akersgaten/Akersgata zeigt. Um diese begreiflich zu erklären, wären hier mehrere Seiten zur norwegischen Sprachentwicklung und den vier großen norwegischen Rechtschreibreformen des 20. Jahrhunderts nötig.

Wenn Sie keinen Ehrgeiz haben, perfekt Norwegisch zu lernen, dann finden Sie sich einfach damit ab: So ist es eben. Und ein Trost: Wichtig ist ja, was vorn im Wort steht.

Wenn Sie in den Osloer Ortsteil Majorstu… wollen, dann finden Sie die richtige U-Bahn sofort, egal, ob im Fahrplan Majorstuen oder Majorstua steht. Dass manchmal in derselben Straße auf den Schildern unterschiedliche Schreibweisen auftauchen, kann Sie dann nicht mehr erschrecken. Ein besonders schönes Beispiel ist Tollbugate/Tollbugata/Toldbodgate in Oslo – ältere Menschen erinnern sich sogar noch an ein viertes Schild mit der alten dänischen Bezeichnung Toldbodgaden. Das aber wurde mittlerweile entfernt. Und Oslo selbst hieß zuerst auch Åslo und Áslo, dann, unter den Dänen, Christiania, dann, unter den Schweden, Kristiania, im Moment wieder Oslo! Åslo ist gerade nicht mit im Namensrennen, das ist doch ein Trost!

Ein Problem ist die Übernahme ins Deutsche. Soll man »am Akerselv« schreiben oder »am Akerselva« (beide Fassungen stehen in Stadtplänen). Eine viel gelesene Zeitung heißt »Dagbladet« (also »Tageblatt«), schreibt man »es steht in Dagbladet« oder »im Dagbladet«? Eigentlich ist »in Dagbladet« und »am Akerselv« richtig, wir sagen ja auch nicht, »es steht in der The Times« oder »wir gehen an der la Seine spazieren«, nur klingt es manchmal einfach falsch, so richtig es auch sein mag. Also gibt es auch in diesem Buch bisweilen Abweichungen von der Regel »es heißt in der Akersgate, in der Akersgata wäre doppelt gemoppelt«. Immerhin, das ist vielleicht ein Trost, es sind noch lange nicht so viele Schreibweisen wie in einem durchschnittlichen norwegischen Stadtplan.

111 Orte

Freia

1 Aasta Hansteen

Die geheimnisvolle Frau auf Aker Brygge

Eine Bronzestatue auf Aker Brygge gibt vielen Besuchern Rätsel auf – da steht eine junge, schöne Frau und schaut hinaus in die Ferne, ein bisschen erinnert ihre Haltung an eine Galionsfigur. Aber wer ist sie, eine Entdeckerin? Der Name Aasta Hansteen sagt Nichtnorwegern nur selten etwas, und die Vorstellung der mutigen Seefahrerin liegt doch nahe. Wäre da nicht die relativ moderne Kleidung!

Aber Aasta Hansteen (1824–1908) hat wirklich Neuland entdeckt und Wege eröffnet, die ihresgleichen vorher lange verschlossen waren. Zuerst wurde sie zu Norwegens erster professioneller Malerin, zum Studium musste sie allerdings nach Kopenhagen und nach Düsseldorf, da aus Sittlichkeitsgründen Frauen in Norwegen damals das Kunststudium untersagt war. Daraufhin wurde sie zu einer der ersten norwegischen Frauenrechtlerinnen. Außerdem besuchte sie ohne männliche Begleitung Gaststätten, rauchte Zigaretten und trank Alkohol. Ein Zeitgenosse berichtete geschockt: »Ich habe sie mit Randi Blehr [einer Frau, die sich für das Frauenwahlrecht einsetzte] Cancan tanzen sehen, es war grotesk.« Der Bildhauer Vigeland, der ohnehin keine Sympathien für selbstbewusste Frauen hegte, hat sie als hysterische alte Jungfer dargestellt, die mit einem Regenschirm herumfuchtelt. Dieses sehr bekannte Werk wird im neuen Nasjonalmuseet wieder zu besichtigen sein. Dort gibt es auch ein gemaltes Porträt von ihr von Oda Krohg aus dem Jahr 1905, das eine listig lächelnde alte Dame zeigt.

Die Statue auf Aker Brygge wurde geschaffen von Nina Sundbye (geboren 1944) und bildet einen wunderbaren Kontrast zu Vigelands Bosheit. Die Skulptur wurde 1985 aufgestellt, um das 100-jährige Jubiläum der norwegischen Vereine für das Frauenstimmrecht zu feiern – dessen Einführung 1913 Aasta Hansteen, die Pionierin der Bewegung, dann doch nicht mehr erleben durfte.

Adresse Aker Brygge, 0525 Oslo | **ÖPNV** Straßenbahnen 12, 14, 19 bis Aker Brygge | **Tipp** Ganz in der Nähe liegt der Anker der Blücher. Die Blücher war ein Schwerer Kreuzer der Deutschen Kriegsmarine, die im April 1940 an der schmalsten Stelle des Oslofjords von der Festung Oscarsholm aus auf Grund geschossen wurde – ironischerweise mit einer in Deutschland hergestellten Kruppkanone.

2 Akershus

Oslos mächtiges Bollwerk

Das mit dem mächtigen Bollwerk ist heutzutage so eine Sache – vor allem auf Luftaufnahmen sieht die Festung Akershus eher niedlich aus, eine Spielzeugburg sozusagen, fast erschlagen von den gewaltigen Klotzbauten, die in Oslo heute so beliebt sind. Doch wenn man vor dem windumtosten König-Haakon-Denkmal am 7. Juniplass steht und dem Blick Seiner Majestät folgt, bekommt man eine Ahnung davon, wie beeindruckend Akershus im Mittelalter den anrückenden Feinden erschienen sein muss.

Mit dem Burgbau wurde 1299 unter König Håkon V. begonnen, die Burg lag strategisch geschickt auf der Landspitze Akersneset und konnte Belagerungen von Wasser- und von Landseite her standhalten. Sie galt lange als unbezwinglich, bis dann die Erfindung neuer Waffen zeigte, dass auch die dickste Festungsmauer geknackt werden kann. Im 18. Jahrhundert hatte niemand mehr so richtig Verwendung für die Anlage, und die Burg verfiel. Im 19. Jahrhundert herrschte wie überall in Europa auch in Norwegen die Burgenromantik, Akershus wurde restauriert und erhielt seine heutige Gestalt.

Bis um die Mitte des 19. Jahrhunderts diente Akershus übrigens als Feuerwache! Weil man von dort die ganze Stadt im Blick hatte, wusste der Turmwärter sofort, wo Feuer ausgebrochen war. Er blies dann aus einem Burgturm ein Signal, und das Fenster, aus dem er trompetete, zeigte an, in welchem Stadtteil es brannte!

Ein Besuch in Akershus muss einfach sein, hier ist Oslos Geschichte zum Greifen nah. Allerdings können nicht alle Teile der Anlage besichtigt werden, denn sie ist offiziell noch immer eine militärische Festung unter dem Befehl eines Kommandanten. Wer ihm begegnet, ist zum Salutieren verpflichtet. Es ist also besser, man schließt sich einer der Führungen an, die das Besuchszentrum am festungseigenen Karpfenteich an den Wochenenden mehrmals pro Tag anbietet.

Adresse Festning Akershus, 0150 Oslo | **ÖPNV** U-Bahn bis Nationaltheatret (alle Linien) | **Öffnungszeiten** für Außenbesichtigung: täglich 10–21 Uhr | **Tipp** Einfach bei schönem Wetter auf dem begrünten Festungswall ein Picknick machen – es gibt immer viel zu sehen, Menschen, Schiffe, Sensationen.

3 Die älteste Telefonzelle von Oslo

Telefonieren mit Herz

Die älteste Telefonzelle von Oslo (vielleicht von ganz Norwegen) steht streng genommen nicht auf Osloer Gebiet, sondern auf der Halbinsel Nesodden im 2020 neu geschaffenen Regierungsbezirk Viken. Aber so eng sieht das dort niemand, und im allgemeinen Bewusstsein gehört Nesodden auf jeden Fall eher zu Oslo als zu einem bürokratischen Monster, das niemand haben wollte. Über die 1922 aufgestellte Telefonzelle – damals hieß so eine Installation übrigens »Sprechbox« – lesen wir in einer Broschüre über die Sehenswürdigkeiten von Nesodden: »… ein sechseckiger Pavillon im Schweizerstil, aus Holz gebaut. In ländlichen Gegenden durften damals die Telefonhäuschen der privaten Telefongesellschaften solch individuelle Ausformung haben.«

Nach der Beschreibung erwartet man einen Minipalast, aber ehrlich gesagt sieht die altehrwürdige Telefonzelle eher aus wie ein zerknautschter Pilz oder wie ein Klohäuschen. Wenn in die Tür noch ein Herz eingekerbt wäre, könnte überhaupt kein Zweifel aufkommen. Und wenn die Tür geschlossen ist, bleibt das Innere des Häuschens ein Geheimnis. Ein Herz gibt es also nicht, und doch kann kein Zweifel daran bestehen, dass wir hier Norwegens Telefonzelle der Herzen vor uns haben. Sie wird liebevoll vom zuständigen Heimatverein gehegt und gepflegt, die norwegische Telefongesellschaft Telenor gibt Geld dazu.

Die Telefonzelle war bis in die 1970er Jahre hinein in Gebrauch. Damals gab es in »ländlichen Gegenden« (als solche galt Nesodden jener Tage, so schwer man sich das heute vorstellen kann) noch keinen Selbstwählfernsprechdienst, alle Gespräche liefen über die Vermittlung. Noch heute kann man übrigens hier telefonieren, man muss allerdings ein eigenes Telefon mitbringen.

Adresse Krangeveien, bei der Kreuzung Haslekrysset, 1456 Nesoddtangen | **ÖPNV** Fähre von Aker Brygge nach Nesodden (dauert 25 Minuten), dann Bus 560 von Nesoddtangen bis Grøstad | **Öffnungszeiten** derzeit nur Außenbesichtigung, Näheres auf www.nesodden.kommune.no | **Tipp** Von Oslo S mit Bus 505 oder 507 bis Grøstad fahren. Die Fahrt dauert circa eine Stunde und ist eine ganz besondere Sightseeingtour am Wasser entlang. Man sieht die Oper, die Barcode-Bauten, blickt hinauf nach Ekeberg (siehe Ort 23), fährt durch prachtvolle Waldgebiete und das Dorf Svartskog.

4 Die Åmodtbru

Die Brücke für 100 Mann

Die Åmodtbrücke ist eine der wenigen erhaltenen Kettenbrücken in Norwegen. Sie führt im Stadtteil Grünerløkka über die Akerselv, wurde aber nicht hier errichtet, sondern wie so viele scheinbar alte Osloer Sehenswürdigkeiten transloziert.

Die schweren Eisenketten wurden im Eisenwerk Nes in Modum gegossen – sie kosteten damals 11.500 Speciesthaler, das Dreifache der Summe, die die Stadtväter von Modum bewilligt hatten. 1952 wurde die Brücke, die beim Åmotsund über den Drammenselv geführt hatte, abmontiert – eigentlich sollte sie in einem in Oslo geplanten Technikmuseum wiederaufgebaut werden. Aus dem Museum wurde aber nichts, und deshalb können wir heute auf der Brücke über die Akerselv spazieren.

Berühmt ist die Brücke aber nicht wegen ihrer technologisch bedeutsamen Geschichte, sondern wegen der Inschrift, die auf einer gusseisernen Platte an einem Pfeiler zu sehen ist: »Hundert Mann kann ich tragen, aber unter Marschschritt breche ich zusammen!« In manchen Reiseführern können wir lesen, die Inschrift sei eine Anspielung auf das bekannte norwegische Märchen von den drei Brauseböcken, die sich unter einer Brücke verstecken und dreimal fragen: »Wer trampelt da über meine Brücke?« Die Wahrheit jedoch ist weniger märchenhaft. Eine nach demselben Konzept errichtete Brücke in Frankreich war 1850, also kurz vor Baubeginn der norwegischen, eingestürzt, als ein französisches Regiment hinübermarschierte – das Marschieren im Gleichschritt hatte Schwingungen erzeugt, die die Statik der Brücke ruinierten. Die Inschrift war also als wortwörtliche Warnung gemeint!

Heute hören wir oft, die Åmodtbrücke sei der einzige Ort in Oslo gewesen, wo die deutschen Besatzungstruppen zwischen 1940 und 1945 nicht marschiert seien – so schön das klingt, es kann nicht stimmen, denn damals befand sie sich ja noch gar nicht an ihrem heutigen Standort.

Adresse Grünerløkka, 0554 Oslo | ÖPNV Buslinien 21, 33, 34, 54 bis Alexander Kiellands plass | Tipp Lillebjørn Nilsen, Oslos Troubadour, hat die Brücke in seinem Lied »Far har fortalt« verewigt. Ein kleiner Film davon auf Youtube zeigt die Brücke und ihre unmittelbare Umgebung, teilweise aus ungewöhnlicher Perspektive. Und wenn Sie in Oslo ein Konzert von Lillebjørn (den die ganze Stadt beim Vornamen nennt) erleben können, unbedingt hingehen! www.youtube.com/watch?v=ezRLBfIqEx4

5 Auf den Spuren von Königin Eufemia

Oslos Königin der Herzen

Eufemia – dieser wenig norwegisch klingende Name erklärt sich dadurch, dass Eufemia von der Insel Rügen kam. Sie vermählte sich 1299 mit dem norwegischen Thronerben Håkon Magnusson, der noch im selben Jahr als Håkon V. zum König gekrönt wurde. Eufemia brachte eine der reichhaltigsten Bibliotheken Europas nach Norwegen, ließ die beliebte Minnesängerdichtung ins Norwegische übersetzen und im Königshaus die weibliche Erbfolge einführen. Bei ihren Untertanen war sie ungeheuer beliebt, die Chroniken berichten, dass sie sehr viel Gutes tat und mehr Almosen gab, als es von Königinnen damals erwartet wurde.

Vom Oslo Eufemias sind noch Reste vorhanden. Sie sind geformt wie ein Knochen. Am einen Ende befindet sich der sogenannte Mittelalterpark (Middelalderpark), der eigentlich eine große archäologische Ausstellung hätte werden sollen, am anderen der Minnepark (Erinnerungspark), auch Ruinenpark genannt. Wir finden im Mittelalterpark die Ruinen des alten Königshofes, in dem Eufemia und Håkon logierten, wenn sie sich in Oslo aufhielten, dazu die Überreste der mittelalterlichen Marienkirche, in der Eufemia beigesetzt wurde.

Der Minnepark ist sehr viel kleiner und liegt sozusagen am anderen Ende des Knochens und am Ende der Dronning Eufemias gate. In diesem Park finden wir die Ruinen von Oslos erstem Dom, der St.-Hallvards-Kirche. Außerdem gibt es die Reste des Olavsklosters, das bis zur Reformation dem Dominikanerorden gehörte, sowie Reste des Klostergartens und eines Karpfenteichs, aus dem sich die Mönche an Fasttagen versorgten. Ab 1868 fanden hier Ausgrabungen statt, die Ruinen wurden freigelegt, und es ist klar, dass noch sehr viel mehr zu holen wäre – aber die Arbeiten konnten nicht vollendet werden, da um 1960 der südliche Teil des Parks zubetoniert wurde.

Adresse Enerhauggata 4, 0651 Oslo | ÖPNV Bus 37 bis Tøyengata, Bus 60 bis Tøyen kirke | Öffnungszeiten täglich 16–18 Uhr | Tipp Die St.-Hallvards-Kirche, nach St. Hallvard, dem Schutzpatron Oslos benannt, wurde die erste Osloer Kathedrale, heute trägt diesen Namen Oslos katholische Pfarrkirche. Sie wurde 1996 errichtet und gilt als »Architektur von Weltklasse«.

6 Baker Samson

Kuchen von Napoleon

Ein Besuch in Oslo ohne einen Stopp bei Baker Samson zählt nicht. Es gibt hier 22 Filialen dieser Bäckereikette, die inzwischen in der fünften Generation von der Familie Samson betrieben wird. Der Gründer hatte den schönen Namen Wilhelm Bismark Samson – das fehlende c in Bismark ist wohl einem Schreibfehler zu verdanken.

Der Napoleonskuchen, den man in seinen Bäckereien unbedingt kosten sollte, reicht zurück in die Zeit der Napoleonischen Kriege um 1800. Eine lange Geschichte, für die hier kein Platz ist, wichtig ist jedoch: Beim Verzehr dieses Blätterteiggebäcks mit dickem Zuckerdeckel und Vanillecremefüllung (eine norwegische Bienenstichvariante also) gehört es zum guten Ton, dass irgendwer in der Tischrunde sagt: »Über Napoleon kann man sagen, was man will, aber Kuchen backen konnte er!«

Das Besondere an Bäcker Samson ist, dass sich dort gefühlt nichts ändert, auch wenn manchmal das Repertoire erweitert wird und es neuerdings auch Pizza gibt. Alles sieht so aus wie auf Fotos von vor 100 Jahren, jedenfalls in der Filiale am Egertorg mitten in Oslo, der ältesten der Kette. Alle in Oslo haben Erinnerungen an frühe Rendezvous bei Bäcker Samson, jahrzehntelang waren solche Bäckereien mit Kaffeeausschank die einzigen Treffpunkte für Jugendliche, die noch keine Kneipen aufsuchen durften. Dank solcher Erinnerungen trifft sich bei Samson Jung und Alt beim Kaffee.

Auch in Norwegen hören wir die bekannten Klagen von Leuten, die einfach einen ganz normalen Kaffee trinken möchten – worauf die perfekt ausgebildeten Baristas eine lange Reihe von Kaffeespezialitäten herunterspulen und der Gast nicht weiß, was davon denn nun ein schwarzer Kaffee ist. Während der Barista nicht begreift, was der Gast trinken möchte. Aber dem Gast kann geholfen werden: Bei Baker Samson gibt es ganz normalen Filterkaffee. Und immer frisch!

Adresse Karl Johans gate 20, 0159 Oslo, dazu 21 weitere Filialen in Oslo | ÖPNV U-Bahn bis Nationaltheatret (alle Linien) | Öffnungszeiten Mo–Fr 8.30–17 Uhr, Sa 10–16 Uhr | Tipp Nur ein kleines Stück die Straße hinunter, vor dem norwegischen Parlament, dem Storting, stehen drei Klohäuschen, die offizielle Kunstwerke sind. Geschaffen hat sie der Osloer Künstler Lars Ramberg. Jedes Häuschen hat eine andere Farbe, sie sind rot, weiß und blau und tragen die Namen Liberté, Egalité und Fraternité.

7 Die Bakkehaugen Kirke

Wirklich die hässlichste Kirche von Oslo?

Man kann geteilter Meinung darüber sein, ob die Bakkehaugen kirke wirklich die hässlichste Kirche von Oslo ist – aber wenn sie es wäre, dann wäre sie doch erst recht einen Besuch wert? So sieht es Norwegens Krimikönigin Anne Holt: »Wieder musste sie denken, dass es trotz der Ausschmückung durch Künstler wie Carl Nesjar und Kai Fjell doch das hässlichste Gotteshaus im Land war. Ein scharfer, A-förmiger Betonklotz war auf einem schönen Höhenzug in den Boden gerammt worden. Der Glockenturm stand beschämt daneben und sah aus wie ein falsch platziertes Sprungbrett.«

Die Kirche ist tatsächlich ein oben sehr spitzes Dreieck und hat damit etwas Pyramidenhaftes. Das soll an die Wikingerschiffe auf Bygdøy erinnern, und wenn man das weiß, sieht man es auch.

Warum der Christengott nun durch eine Anspielung auf die heidnischen Wikinger geehrt werden sollte, blieb das Geheimnis des Architekten Erling Viksjø, der für die 1959 fertiggestellte Kirche aus Naturbeton 1961 mit dem in seiner Zunft heiß begehrten Preis »Betontafel« ausgezeichnet wurde. Dieser Preis wird noch heute alljährlich verliehen und geht jeweils an das Bauwerk in Norwegen, bei dem »Beton auf umweltmäßig, ästhetisch und technisch herausragende Weise zur Anwendung gekommen ist«. Na bitte!

Eigentlich sollte eine ganz andere Kirche dorthin, 1940 lag ein Entwurf im Bauhausstil vor, aber dann kamen Krieg und Besatzung, und bis 1959 hatte sich der Geschmack gewaltig geändert. Das einstimmige Urteil der 1960er Jahre: Die Bakkehaugen kirke entspreche perfekt dem modernen Geschmack!

Das geräumige lichte Kircheninnere weist 260 Sitzplätze auf, die bunten Glasfenster sind eine Freude fürs Auge, und durch ihre Lage – schöne Aussicht über die Stadt und viel Platz vor dem Eingang für Fotos und Begrüßungen – ist sie sehr beliebt als Hochzeitskirche.

Adresse Carl Grøndahls vei 27, 0871 Oslo | **ÖPNV** Bus 34 bis Christophers vei | **Öffnungszeiten** So 11 Uhr zur Gottesdienstzeit, ansonsten unregelmäßig, Außenbesichtigung geht immer | **Tipp** Bakkehaugen gård, einer der letzten erhaltenen Bauernhöfe im Osloer Stadtgebiet, wurde 1811 errichtet; typische Holzhäuser, die sich um einen Hofplatz gruppieren. Hier wohnte von 1811 bis 1817 der Sektengründer Hans Nielsen Hauge.

8 Die Bastøferje

Fährmann, hol über

Wenn man südlich von Oslo die Umgebung erforschen will, stellt sich die Frage: westliches oder östliches Fjordufer? Irgendwann muss man von einem Ufer ans andere wechseln. Es gibt den Oslofjordtunnel zwischen Måna und Verpen, der die Strecke wunderbar verkürzt, allerdings nach einem heftigen Brand in Verruf geraten ist – kein böses Wort hier über den Oslofjordtunnel, aber wenn man in Norwegen nur Leute kennt, die jeden Umweg lieber in Kauf nehmen, als diesen Tunnel zu durchqueren, ist man skeptisch und verzichtet gern auf den Besuch. Die Bastøfähre dagegen, die weiter südlich die Städte Moss und Horten verbindet, lieben alle. Die beiden derzeit hier eingesetzten Fähren fahren im Pendelverkehr und begegnen sich ungefähr in der Mitte des Fjordes.

Insgesamt legt jede pro Jahr eine Entfernung von 45.000 Seemeilen zurück, also anderthalb Erdumsegelungen. Sie fahren bei Wind und Wetter, wird alle Jubeljahre einmal sturmbedingt eine Abfahrt eingestellt, sorgt das im ganzen Land für Schlagzeilen. Um die Weltumseglung zu erreichen, sind sie vom Morgengrauen bis kurz vor Mitternacht unterwegs, und nur selten muss man länger als eine halbe Stunde auf die nächste warten. Etwas mehr als eine halbe Stunde dauert auch die Überfahrt. Kaum ist man an Bord gefahren, bricht auf dem Autodeck Hektik aus, alle möchten schnell ins Restaurant.

Seit einigen Jahren befinden sich die Bastøfähren im Besitz einer Fährgesellschaft aus Westnorwegen – und deshalb gibt es im Bordrestaurant Sveler eine Spezialität aus den Westfjorden: kleine, dicke Pfannkuchen aus Mehl, Sauermilch und Eiern, mit Hirschhornsalz als Treibmittel. In den alten Zeiten wurden in Westnorwegen die Fährleute von den dankbaren Fahrgästen mit Sveler beschenkt – am Oslofjord kommen die Fahrgäste nun selbst in den Genuss dieser Köstlichkeit!

Adresse Rustadbrygga 3, 3187 Horten/Brygge, 1532 Moss | ÖPNV mit der Bahn von Oslo S nach Moss (Østfoldbanen) beziehungsweise nach Horten (Vestfoldbanen), die Fähranleger sind in Bahnhofsnähe | Öffnungszeiten Fahrzeiten auf https://basto-fosen.no/rutetider | Tipp Leider nur vom Panoramafenster auf der Fähre zu besichtigen – und es lohnt sich, ein Fernglas zur Hand zu haben: Die ehemalige Gefängnisinsel Bastøy, der die Fährverbindung ihren Namen verdankt, wird leider nicht angelaufen.

9 Die Bibliotekbar

Zum Five o'Clock Tea zwischen Büchern

Vor dem Eingang steht ein ausgestopfter Bär, die Gäste werden von einem livrierten Portier empfangen, kurzum, wir betreten hier nicht irgendeine Eckkneipe. Das Bristol gehört zu den altehrwürdigen Hotels in der Osloer Innenstadt. Es wurde 1920 eröffnet, und der Architekt Finn Rahn (1879–1936) entwarf das Hotelinnere im »maurischen Stil«, wie er das nannte, mit Deckengewölben, Bögen, Nischen ... marokkanisches Essen bekommt man hier allerdings nicht. In der Bibliotekbar gibt es Sandwiches, Kuchen und Wiener Schnitzel – und einen Five o'Clock Tea, wie er auch in englischen Palästen nicht edler zelebriert wird (dazu ist allerdings eine Anmeldung erforderlich).

Der Name »Bibliotekbar« ist übrigens etwas irreführend: Die Bar ist mindestens ebenso sehr ein Café! Oft sitzen dort am späten Vormittag Osloer Damen nach dem Einkaufsbummel und zeigen sich gegenseitig ihre Neuerwerbungen. Auch Bücher werden herumgezeigt! Norwegens schriftstellerische Prominenz veranstaltet in der Bibliotekbar nämlich gern Buchvorstellungen. Erscheint das neue Werk, sitzt der Autor hier und empfängt einen Rezensenten nach dem anderen. Wenn Sie gerade in Oslo sind, wenn das neue Buch von Jo Nesbø oder Anne B. Ragde veröffentlicht wird – in der Bibliotekbar haben Sie die beste Chance, sich Ihr Exemplar signieren zu lassen.

Man sitzt in Nischen zwischen Regalen voller Bücher, die irgendwelche Gäste im Laufe der Jahrzehnte hinterlassen haben. Es ist wirklich ein internationales Angebot, bei dem das »Handbuch des Bergwerksingenieurs« aus dem Jahre 1886 (auf Deutsch) ebenso wenig fehlt wie »Fifty Shades of Grey« (auf Englisch). Bücherklau wird ungern gesehen, aber das Bristol hat durchaus Verständnis für Bibliophile und rückt das ersehnte Buch gerne heraus, wenn wir es durch ein anderes ersetzen. Nur die Goethe-Gesamtausgabe von 1833 wollten sie nicht hergeben.

Adresse Kristian IVs gate 7, 0164 Oslo | ÖPNV U-Bahn bis Nationaltheatret (alle Linien) | Öffnungszeiten täglich 11–21 Uhr | Tipp Verlassen Sie das Hotel nicht gleich. In der Halle gibt es einen gut sortierten Souvenirladen. Trotz des Bären vor dem Eingang werden keine Bärenfelle angeboten, dafür aber Norwegerpullover, Schokolade, Käsehobel, Postkarten, Bildbände. Der Einkauf von Mitbringseln für die Lieben daheim geht ganz schnell.

10 Das Blå

Blaues Paradies am Fluss

Das Blå (»Blau«) genannte Veranstaltungszentrum in Grünerløkka ist in einem alten Fabrikgebäude untergebracht. Im 19. Jahrhundert lag hier eine Spinnerei (der Name »Blau« spielt auf eine der Farben der hier hergestellten Garnsorten an). Die Räumlichkeiten sind weitläufig, viel Platz zum Tanzen, Herumlungern und Mal-beiseite-Gehen, sollte die Musik zu laut werden …

Seit 1998 ist hier der Jazzclub Blå beheimatet. Das mit dem Jazzclub darf aber nicht zu wortwörtlich genommen werden, auch andere Musikrichtungen sind zu hören. Es gibt einen Restaurantbereich (Spezialität: Pizza) und im Sommer einen idyllischen Biergarten gleich am Flussufer. Jeden Sonntag wird vor dem Blå ein Flohmarkt abgehalten, und dazu spielt die legendäre Band Frank Znort Quartet (auch als Znort Orchestra bekannt), die sich als Punkjazzbigband bezeichnet und so viele Mitglieder hat, dass es schon reicht, wenn zu einem Auftritt nur die Hälfte anwesend ist (an einem Sonntag im Sommer 2021 waren es 18 feste, wie viele frei verbandelte Mitglieder es gab, wusste niemand). Um 16 Uhr tritt das Znort Quartet vor dem Blå auf, gratis, später in der Fabrikhalle, dann kostet es Eintritt, klar. Und wenn sie erst mal angefangen haben, hören sie so schnell nicht wieder auf zu spielen. »Kommt ins Blå, wir garantieren, dass wir euch den Montag ruinieren« ist ihr poetisches Motto. Die Band hat bisher drei Studioalben eingespielt und jeden Sonntag von ihrem Auftritt eine Live-CD in geringer Stückzahl gebrannt (damit haben sie 2014 angefangen, inzwischen gibt es an die 500). Drei Exemplare werden jeweils eine Woche später unter dem begeisterten Publikum verlost!

Die Fabrikhalle, die vielen Graffiti in der direkten Umgebung, der plätschernde Fluss, das alles macht das Blå ungeheuer attraktiv für Fotografen – und wenn man nicht aufpasst, gerät man unversehens in eine Modenschau.

Adresse Brenneriveien 9c, 0182 Oslo | ÖPNV Buslinien 34 und 54 bis Møllerveien, auch per Kanu über den Akerselv zu erreichen | Öffnungszeiten Mo–Fr 14–23 Uhr, Sa und So 12–3 Uhr, www.blaaoslo.no | Tipp Wenn Sie es ein bisschen ruhiger möchten: Fyrhuset! Auf dem alten Gaswerkgelände, am Rand des Kuba-Parks gelegen (siehe Ort 54), gibt es die übliche Kneipenkost, im Sommer einen großen Biergarten mit Austobemöglichkeiten für Kinder, am Tresen werden Brettspiele ausgeliehen.

11 Die blauen Schilder

Geschichtsbuch an Hauswänden

Blaue Schilder gibt es in ganz Norwegen, aber die größte Schilderdichte finden wir in der Hauptstadt Oslo. Die Schilder erzählen etwas über den Ort, das Haus, die Straße. Das hier sind die offiziellen Kriterien für das Anbringen eines blauen Schildes: »Der Ort muss mit einer bedeutenden Person, einem historischen Geschehnis oder einer Aktivität zu tun haben – oder das Alter des Objektes muss bemerkenswert sein. Schilder über lebende Personen werden nicht angebracht.« Anhand der blauen Schilder können wir uns wunderbar einfach beim Spazierengehen ein Bild vom Ablauf der Lokalgeschichte machen. Die Frauenrechtlerin Camilla Collett hat ebenso ihr Schild bekommen wie der als Landesvater verehrte Ministerpräsident Einar Gerhardsen, das Hauptquartier der Gestapo während der Besatzungszeit oder die allererste, längst nicht mehr existierende Straßenbahnhaltestelle der Stadt.

Ein blaues Schild kostet 14.000 Kronen. In der Regel geht die Initiative dafür von Stiftungen oder von Firmen aus, die das Geld schon bereitgestellt haben. Es gibt aber auch privates Engagement, erstaunlich viele blaue Schilder gehen auf Privatinitiativen zurück. Dörte Giebel, die über Microfinanzierung das Geld für Regine Normanns Schild innerhalb weniger Tage zusammenhatte, erzählt: »Sie war die erste Schriftstellerin aus Nordnorwegen, die im ganzen Land bekannt und berühmt wurde. Sie schrieb insgesamt 18 Bücher und arbeitete gleichzeitig bis zur Pensionierung in Vollzeit als Lehrerin an der Sofienberg Skole. Doch: Keine Gedenktafel erinnerte an ihr kulturelles und gesellschaftliches Engagement für Oslo und über die Stadtgrenzen hinaus.« Seit 2017 gibt es das Schild für Regine Normann in der Stensgate 3.

Wenn Sie also ein einziges blaues Schild aufsuchen wollen, dann empfehlen wir dieses. Und vielleicht bekommen Sie Lust, ein Buch der Autorin zu lesen, und schon ist ein neuer Fan gewonnen.

Adresse Stensgate 3, 0354 Oslo | **ÖPNV** Straßenbahn 17, 18 bis Stensgata | **Tipp** Zum Buchkauf dann ins Adamstuen Antikvariat, wo es zur Schildenthüllung sogar eine Sonderausstellung von Regine Normanns Werken auf Norwegisch und auf Deutsch gab.

12 Blue Master

Die Sehenswürdigkeit, die gar nicht zu sehen ist

Norwegen besitzt einen gewissen Fundus an Sehenswürdigkeiten, die gar nicht zu sehen sind und die gerade deshalb zur Touristenattraktion werden – ein bekanntes Beispiel ist die weltweit größte Picassoskulptur überhaupt, die nicht in Larvik steht. Oslo kann da mithalten: Die Rede ist von der Blue-Master-Zigarettenwerbung am Bahnhof Majorstuen. Vor sturmumtobtem Hintergrund könnten wir das Profil eines edlen Rosses sehen. Wenn wir auf einem der unter freiem Himmel gelegenen Bahnsteige stehen und in Richtung Frognerpark nach oben schauen, sehen wir eine Art Dachhäuschen, es beherbergt die Maschinen für die Fahrstühle im Haus. Und dort prangt also das Pferdeprofil, nur sehen wir es nicht.

Und das kam so: Diese riesige Reklamemalerei wurde 1953 von der jungen Werbegrafikerin Annie Bruff entworfen. Viele Jahre lang durfte es hoch oben für die Zigarette Blue Master werben. Doch dann wurde in Norwegen jegliche Tabakreklame verboten, und die Gesundheitsbehörden verlangten die Entfernung des verderblichen Gemäldes. Das aber war inzwischen unter Denkmalschutz gestellt worden. Der Streit ging einige Jahre so weiter, bis eines Nachts ein junger Tagger hochkletterte, das Ross mit Sprayfarbe mit einem »Piece«, einem Graffito, überdeckte und mit »Pops« signierte. Gerüchte vermelden, dass »Pops« danach in der Taggerszene erledigt war, denn: Man darf kein großes Kunstwerk ruinieren, indem man es mit einem mittelmäßigen übersprayt.

Pops' Sprüherei wurde weiß übermalt – aber darunter ist weiterhin das Blue-Master-Pferd, und es wird einfach abgewartet, bis Wind und Wetter die alten Farben wieder zum Vorschein bringen. Ab dann wird abermals der Denkmalschutz gelten, und wir haben unser Ross wieder. Bis dahin stehen immer Kunstfans auf dem Bahnsteig herum, schauen nach oben und fotografieren das Dachhäuschen, um die Stadien der Entwicklung zu dokumentieren.

Adresse Bahnhof Majorstuen, 0366 Oslo | **ÖPNV** U-Bahn bis Majorstuen (alle Linien) | **Öffnungszeiten** von den Bahnsteigen aus rund um die Uhr zu sehen | **Tipp** Chateau Neuf, das Haus der Norwegischen Studentenunion, ist zugleich ein beliebtes Theater für Revuen und Musicals, bietet monatlich wechselndes Programm und zwischendurch immer wieder Gastspiele bekannter norwegischer Unterhaltungsstars.

13 Bondeheimen

Zufluchtsort für Bauernburschen

Bondeheimen, das Bauernheim, das klingt anheimelnd, und so war es einst auch gedacht. Was auch immer der reisende Bauersmann in der Hauptstadt zu erledigen haben mochte, hier konnte er übernachten, ohne Gefahr zu laufen, in Kontakt mit leichtfertigen Frauenzimmern oder Alkohol zu kommen – wobei Alkohol als das größere Übel galt. Ebenfalls vom Norwegischen Bauernverband wurden die »Kaffistova« ins Leben gerufen, die »Kaffeestuben«, eine Serie von Selbstbedienungscafés, wo es billige Hausmannskost gab und eben keinen Alkohol. Das mit den leichtfertigen Frauenzimmern ließ sich nicht so leicht kontrollieren, jahrzehntelang dienten die Kaffistova-Filialen deshalb auch als Kontaktbörse.

Heutige Bauern brauchen offenbar keinen Schutz mehr, das Hotel Bondeheimen gehört zur Best-Western-Kette, und die einzige verbliebene Kaffistova in Oslo ist dem Hotel angegliedert. Das Hotel ist auch nicht mehr billig, sondern verlangt die üblichen Osloer Innenstadtpreise. Aber es ist beliebt wegen seiner zentralen Lage, die Zimmer sind hell und freundlich, und das Haus verfügt über zwei Attraktionen. Da sind zum einen die grandiosen bunten Glasfenster im Treppenhaus. Seltsamerweise scheint niemand zu wissen, von wem die Darstellungen des ländlichen Lebens stammen.

Die zweite Attraktion ist die Kaffistova. Irgendetwas in der Küche geht immer schief, und selbst wenn die Gerichte gegen Mittag noch appetitlich aussehen, so sind sie bald verschrumpelt, eingetrocknet, verfärbt. Die Osloer Restauranttester wetteifern geradezu darum, der Kaffistova einen Besuch abstatten und über die neueste kulinarische Katastrophe berichten zu dürfen. Danach wird dann immer der Geschäftsführer interviewt, der jedes Mal tapfer von Neuem behauptet: »Das war wirklich ein einmaliges Versehen, ab morgen werden wir uns bessern.« Das missratenste Essen von Oslo – wenn das keine Attraktion ist!

Adresse Rosenkrantz' gate 8, 0159 Oslo | **ÖPNV** U-Bahn bis Nationaltheatret (alle Linien) | **Öffnungszeiten** Kaffistova Mo–Sa 11–18 Uhr | **Tipp** Das urige Restaurant Håndverkeren erinnert an einen bayerischen Bierkeller, es gibt deftige Kneipenkost und eine reiche Auswahl an Bieren aus kleinen norwegischen Brauereien. Butzenscheiben und Glasfenster mit bunten Darstellungen aus dem Handwerkerleben sorgen für Gemütlichkeit.

14 Bygdøys Stabkirche

Norwegischer geht's nicht

Es gibt sicher kein »norwegischeres« Bild als das einer Stabkirche, am besten im Sonnenschein, an einem malerischen Fjord gelegen, daneben eine blonde Sennerin in Tracht … Die Wirklichkeit ist oft weniger poetisch, und Stabkirchenforscher beschreiben diese Art von Bauwerk gern reichlich unbegreiflich: »Stabkirchen sind hölzerne Kirchen, die als Stabbau konstruiert wurden.« Das klingt furchtbar und tut der Pracht dieser alten Holzbauten absolut unrecht.

Es gibt 28 Stabkirchen in Norwegen, alle errichtet zwischen 1150 und 1350, es ging also los, als Norwegen noch gar nicht so lange christlich war. Insgesamt sind fast 2.000 Stabkirchen belegt. Holz gab es genug, und wenn man mehr Platz brauchte, nahm man einfach einige Stäbe weg und baute an. Deshalb sehen die heutigen Kirchen so verschachtelt aus, wie nach dem Prinzip des Kartenhauses errichtet.

Um 1800 gab es immerhin noch 95 Stabkirchen im ganzen Land – die meisten in damals sehr dünn besiedelten Landstrichen. Dort, wo mehr Menschen wohnten, brauchte man größere Gotteshäuser oder wünschte sich einfach mal etwas Modernes. Wenn also heutige Black-Metal-Jünger Stabkirchen abfackeln, haben sie bisher bei Weitem nicht so viel Schaden angerichtet wie die braven Bürgersleute damals.

Eine der 28 Stabkirchen steht im Osloer Freilichtmuseum auf Bygdøy. Sie stammt aus Gol in Hallingdal und sollte um 1880 eigentlich abgerissen werden. Inzwischen war aber ein Bewusstsein für den Wert der alten Kirchen erwacht, Geld wurde gesammelt, die Kirche gekauft und dem schwedisch-norwegischen König Oscar II. geschenkt – der verschenkte sie weiter an das Freilichtmuseum auf Bygdøy.

Es ist einfach ein unbeschreibliches Gefühl, durch die Kirche zu wandern, zu wissen, dass sie fast 1.000 Jahren alt ist, zu hören, wie das Holz ächzt, oder den typischen teerigen Geruch einzuatmen.

Adresse Norsk Folkemuseum, Museumsveien 10, 0287 Oslo | ÖPNV Bus 30 bis Folkemuseet | Öffnungszeiten täglich 10–17 Uhr | Tipp Ganz in der Nähe liegt Bygdø Kongsgård, Norwegens größter ökologischer Meiereibetrieb. Das klingt total modern, geplant war das Ganze aber als Volkspark, ein Geschenk von König Karl Johan an seine Untertanen. Heute gibt es also die Meierei, dazu Besucherzentrum, Reitschule, Gärtnerei und Café.

15 Das Café Amsterdam

Klein-Amsterdam am Oslofjord

In Oslo ein Café, das Amsterdam heißt? Da erwartet man doch eine reiche Auswahl an Genever, den berüchtigten Kräuterlikör Schelvispekel, Speckpfannkuchen mit Sirup und Akkordeonmusik zum Schunkeln, interessante Biersorten mit Seefahrernamen … Aber so streng an die fernen Vorbilder hält man sich in Norwegens »erster niederländischer Kneipe« (Eigenwerbung) nun doch nicht, schließlich sollen norwegische Gäste angelockt werden. Immerhin, der Heinekenstern über dem Eingang verheißt gutes Bier, und das gibt es auch, wenn man endlich die Eingangstür hinter sich gebracht hat. An der Hauswand nebenan prangt nämlich eins der prachtvollsten Wandgemälde des daran nun wirklich nicht armen Oslo: zwei märchenhaft schöne Taubenköpfe, über die im Café leider keine weiteren Auskünfte zu bekommen waren.

Im Inneren dann – behagliche Kneipenstimmung, der Gast wird ins Gespräch gezogen oder in Ruhe gelassen, ganz nach Wunsch, wie in Amsterdam eben. Auf der Speisekarte stehen Köstlichkeiten, die wir in Amsterdam wohl lange suchen müssten, Elchfrikadellen zum Beispiel. Und auch wenn amsterdamliebende Besucher im Gästebuch ihre bitteren Klagen darüber hinterlassen, dass vom Personal wirklich niemand Niederländisch spricht, so tröstet eine ganz besondere Krönung niederländischer Kneipenkost über alles hinweg: Im Café Amsterdam in Oslo gibt es tatsächlich total authentisch schmeckende Bitterballen!

Der Kristian August, nach dem die Straße heißt, hatte übrigens rein gar keine Verbindung zu den Niederlanden. Mit vollem Namen hieß er Christian August von Schleswig-Holstein-Sonderburg-Augustenborg und war in seiner Eigenschaft als dänischer Prinz von 1809 bis zu seinem plötzlichen Tod 1810 Statthalter von Norwegen. In der Storgate 36 erinnert eine Gedenktafel daran, dass er dort residiert hat (allerdings wurde ihm kein blaues Schild zugebilligt).

Adresse Kristian Augusts gate 12, 0164 Oslo | ÖPNV Straßenbahnen 11, 17, 18 bis Tullinløkka | Öffnungszeiten Mo und Di 11–22 Uhr, Mi–Sa 11–24 Uhr | Tipp Das beste Eis in Norwegen gibt es im Eiscafé Studenten. Das Café wurde vom Hard Rock Cafe geschluckt, befindet sich im Inneren des Lokals, und das Eis ist so köstlich wie eh und je.

16 Cappelens Forslag

Buch und Wein – die unschlagbare Kombination

Eine perfekte Mischung bietet der Laden mit dem mysteriösen Namen »Cappelens Vorschlag« – wir betreten einen Raum voller Bücherregale, mit kleinen Tischen und Ledersesseln. Was soll man da noch anderes tun, als ein Buch aus dem Regal ziehen, in einem Sessel Platz nehmen und um ein Glas Wein bitten? Wir befinden uns nämlich in einem Antiquariatscafé, in Oslo einzigartig. Der seltsame Name ist leicht erklärt: Die Betreiber, über einen gemeinsamen Urururgroßvater nicht ganz eng miteinander verwandt, heißen beide Cappelen mit Nachnamen.

Wer ein bestimmtes Buch sucht: einfach fragen. Wenn es nicht vorrätig ist, hat es vielleicht ein anderes norwegisches Antiquariat, mit dem Cappelens Forslag in Kontakt ist. Und wenn gar nichts hilft, dann warten, irgendwann taucht es auf, und man wird informiert. Toller Service also. Hier sitzen immer viele Stammgäste, vertieft in irgendeinen Schmöker. Als vor einigen Jahren durch unendliche Straßenarbeiten die Kundschaft ausblieb, wurden sie aktiv. Sie kauften Bücher in rauen Mengen, spendeten seltene Titel, die sich gut verkaufen ließen. Die Lage besserte sich, und jeden Tag konnten Cappelens den Zeiger auf dem Bankrottometer weiter von der Insolvenz wegschieben. Das Bankrottometer war ein selbst erfundenes Messinstrument, das fortlaufend anzeigte, wie viele Tage den Laden noch vom Bankrott trennten. »Für ein Konto auf den Cayman-Inseln reicht es noch nicht ganz«, sagt ein strahlender Pil Cappelen Smith, »aber wir arbeiten daran.«

Doch ein unabhängiger Buchladen kann überhaupt nicht genug Unterstützung haben – wenn Sie also nach Oslo reisen: Hingehen, ein schönes Buch kaufen, einen guten Kaffee trinken, und das alles im Dienste der guten Sache. Nicht weit entfernt liegen die Räumlichkeiten des Verlags Cappelen Damm, wo es ebenfalls Kaffee gibt: Nicht verwechseln!

Adresse Bernt Ankers gate 4B, 0183 Oslo | **ÖPNV** Bus 37 bis Hammerborggt, Bus 54 bis Jakobkirke | **Öffnungszeiten** Mo–Fr 11–17 Uhr, Sa 12–15 Uhr | **Tipp** Lille Saigon, ein beliebtes vietnamesisches Restaurant, ist ganz in der Nähe. Schwerpunkt: vegetarisch, für Oslo fast billig.

17 Der Christ Kirkegård

Die Gräber des Malers Munch

Genau, der Plural ist hier richtig. Natürlich liegt Edvard Munch nur in einem Grab, einem Heldengrab auf dem Vår Frelsers Gravlund, aber es gibt zwei weitere Gräber, in denen er eigentlich hätte liegen sollen. Eines befindet sich in der alten Osloer Innenstadt, auf dem uralten Friedhof Christ Kirkegård. Hier liegen die Eltern Laura Munch geborene Bjølstad (1838–1868) und Christian Munch (1817–1889) sowie Sofie Munch (1862–1877, von ihrem Bruder als »Krankes Mädchen« verewigt). Davon kündet eine schlichte, rechteckige Granittafel. Zwei Reihen weiter wurde Edvard Munchs mit der Familie zerstrittener Bruder Peter Andreas (1865–1895) beigesetzt, ihm haben seine Freunde eine prachtvolle Gedenksäule errichtet.

Auf dem Christ Kirkegård ruht, gleich bei der übrigen Verwandtschaft, auch der Dichter Andreas Munch (1811–1884), vor Edvard der große Sohn der Familie. Hier bestattet ist zudem Edvards Onkel, der Historiker Peter Andreas Munch (1810–1863), der als Vater der norwegischen Geschichtsschreibung gilt.

Als ob das nicht reichte, gibt es noch andere Sehenswürdigkeiten auf diesem alten Friedhof. Berühmt ist die Pestsäule von 1654 gleich neben dem Eingang. Sie erinnert an die letzte Pestwelle, die die Stadt heimsuchte, ein Drittel der Stadtbevölkerung fiel ihr zum Opfer. Welches Seuchenopfer unter der Pestsäule bestattet ist, ist allerdings unklar. Die Inschrift ist übrigens die erste bekannte norwegische »Sponsorenliste«, es wird aufgeführt, welche der wohlhabenden überlebenden Bürger die Säule finanziert haben!

Ein weiteres berühmtes Grab ist das von August Friedrich von Wackenitz, der aus Vorpommern kam, in dänische Dienste trat und 1808 in Christiania verstarb. Was er genau geleistet hat, wissen wir nicht, aber bis heute gilt er als Musterbeispiel des pflichtgetreuen Beamten, dem alle Amtskollegen nacheifern sollten!

Adresse Grubbegata, 0178 Oslo | ÖPNV Straßenbahnlinien 11, 17, 18 bis Grubbegate | Öffnungszeiten wechselnd, Informationen auf https://no.near-place.com/christ-kirkegard-fredensborgveien-3b-oslo/de | Tipp Das Grab Nummer 2: Auf dem Friedhof von Nordstrand liegen Karen Bjølstad und Munchs Schwestern Inger Marie und Laura Katrine. Es ist das einzige Grab weltweit, auf dessen Grabstein der Name einer Person steht, die gar nicht im Grab liegt, während die Namen der drei Insassinnen auf der Rückseite mit der Lupe gesucht werden müssen.

18 Damplassen

Dorf in der Stadt

Dörfer in der Stadt gibt es in Oslo viele – man biegt irgendwo in einer öden, nichtssagenden modernen Straße um die Ecke und hat das Gefühl, plötzlich auf einem Dorfplatz zu stehen. Alles, was man sich wünschen kann, ist in der Nähe, man setzt sich in den Dorfkrug (heutzutage eher ins Dorfcafé), beobachtet das Leben und Treiben und will nie wieder weg.

Das »Dam« im Namen Damplass bezieht sich auf einen Weiher, der früher hier lag. Er hieß Svenskedammen (»Schwedensee«) und war beliebt als Angelgewässer. Er wurde zwischen 1807 und 1814 von schwedischen Kriegsgefangenen angelegt (kleine Geschichtsstunde: Napoleonische Kriege, Dänemark und damit Norwegen waren mit Napoleon verbündet, Schweden mit dessen Gegnern). Ein Jahrhundert später wurde gleich nebenan ein neuer Weiher mit Springbrunnen angelegt. Der Damplass sollte der zentrale Ort in der damals entstehenden Gartenstadt Ullevål werden, was auch geschah, obwohl Ullevål Hageby niemals zur geplanten selbstversorgenden Siedlung wurde.

Zu Spaziergängen durch die reich begrünten Wohnstraßen lädt das Viertel noch heute ein. Um den Damplass stehen neobarocke Geschäfts- und Wohnhäuser aus Backsteinen. Hier lag bis circa 1970 auch eines der größten Kaufhäuser Oslos, Ullevaal Samvirkelag, wo es offenbar alles gab, vom Fisch bis zur Angelausrüstung, von der frischen Milch bis zum Melkschemel (auch wenn die Erzählungen darüber, was es dort alles gab, bisweilen doch etwas übertrieben wirken). Die Journalistin Kristin Valla schildert einen Spaziergang zum Damplass so: »Wir kamen am Weiher auf dem Damplass vorbei, an der Schule und den grauen Steinhäusern mit den roten Dächern, den braun gestrichenen Gartenzäunen in den Straßen, wo alle in identischen Häusern wohnen. Es sah gemütlich aus.«

Das ist es: gemütlich! Oder »koselig«, um es auf Norwegisch zu sagen.

Adresse Damplassen, 0852 Oslo | ÖPNV U-Bahn-Linie 4 bis Ullevål Stadion | Tipp Der natürliche Treffpunkt auf dem Damplass ist das Café, das heute zur Kette Åpent Bakeri gehört. Es wurde 1920 eröffnet, der noch immer genutzte Backofen stammt von 1929. Bäckerei und Café sind eingerichtet wie damals, nur der lange Marmortresen (der um 1990 einer Modernisierungsaktion zum Opfer gefallen war) ist heute durch einen ebenso langen aus Holz ersetzt.

19 Damstredet

Im Stall beim Dichter

Die kleine, kurvenreiche Straße Damstredet, knapp 160 Meter lang, wirkt wie aus der Zeit gefallen – und das mitten in Oslo. Kopfsteinpflaster, Holzhäuser, die zwischen 1810 und 1860 errichtet wurden, man kommt sich vor wie in einem Märchen oder einem Freilichtmuseum. Aber die Häuser sind alle bewohnt, und die Bewohner betonen gern, Damstredet sei eine ganz normale Straße. Der Weiher, dem die Straße ihren Namen verdankt, wurde bereits um 1850 zugeschüttet.

Er trug den schönen Namen »Bildhauerweiher«, da hier viele Bildhauer wohnten, die allerdings keine kühnen Kunstwerke schufen, sondern »Gebrauchsskulpturen«, wie es amtlich hieß, zum Beispiel Götterstatuen, die an den prachtvollen Bürgerhäusern anderswo in der Stadt die Balkone stützten. An die Bildhauer und ihren Teich erinnert heute ein Springbrunnen.

Der berühmteste Bewohner von Damstredet war Henrik Wergeland (1808–45), der 1839 als frischgebackener Ehemann mit seiner Gattin Amalie Sofie hier einzog. Wergeland hat zwar keine Nationalhymne geschrieben, dafür aber das patriotische Gedicht »An meinen Goldlack«, das auf jeder Feier zum norwegischen Nationalfeiertag vorgetragen wird. Ein Wergelandmuseum gibt es in Damstredet nicht, sein Arbeitszimmer befindet sich heute im Norsk Folkemuseum auf Bygdøy. Immerhin berichtet ein blaues Schild (siehe Ort 11) von dem Dichter und seinem viel bedichteten Ross Veslebrunen (»Bräunchen«).

Vor dem Haus Nummer 2 erinnert ein Stolperstein an Sigurd Dickmann (1909–1942), der im Holocaust ermordet wurde. In Nummer 20 hatte bis 1982 die Textilkünstlerin Sigrun Berg (1901–1982) ihre Webstube. Von ihr stammten die lila Schals, ohne die sich in den 1970er Jahren kein progressiver norwegischer Mensch aus dem Haus wagte, viele bewahren diese Schals noch heute wie eine Reliquie auf. Eins fehlt aber in dieser bildschönen kleinen Straße: ein Café.

Adresse Damstredet, 0177 Oslo | ÖPNV Bus 34, 54 bis Telthusbakken | Tipp Wo hier schon von Wergeland die Rede ist: Unbedingt einen Besuch wert ist das Denkmal für seine Schwester Camilla Collett (1813–1895), die den ersten Roman in norwegischer Sprache und zugleich den ersten feministischen Roman des Landes schrieb. Der Bildhauer Vigeland zeigt hier, dass er nicht nur Muskelprotze konnte.

20 Die Dronning Eufemias Gate

Prachtstraße im Werden

Wenn Sie den Osloer Hauptbahnhof Oslo S durch den Seiteneingang (rechts) verlassen, also sozusagen vorbei am Lesecafé Baguette, stehen Sie in der Dronning Eufemias gate. Das ist eine ganz neue Straße, die ursprünglich Dronning Eufemias Boulevard heißen sollte, aber irgendwem in der Planungskommission ging dann doch auf, dass ein Boulevard mehr braucht als riesige Blocks mit Luxuswohnungen und Büros internationaler Finanzriesen. Zumal Königin Eufemia um 1300 der norwegischen Kultur gewaltigen Auftrieb gab. Aber von Eufemia (siehe Ort 5) ist auf der ganzen Straße kaum die Rede, es gibt keine Eufemia-Ausstellung, nicht einmal ihr Bildnis ist irgendwo zu bewundern.

Dennoch lohnt es sich, ein wenig hin und her zu laufen: Die Dronning Eufemias gate ist an die 750 Meter lang und 43,2 Meter breit. Sie hat vier Fahrspuren: In der Mitte sind die Straßenbahnschienen verlegt, flankiert von den Busspuren, ganz außen fahren die Pkw. Es gibt etwa 10.000 Quadratmeter Bürgersteig und acht Kreuzungen mit Ampeln. Weil so dicht am Wasser das feste Fundament fehlt, wurde aus circa 18.000 Kubikmetern Beton ein Sockel gegossen, auf dem die Straße ruht.

Geplant ist, die Dronning Eufemias gate von einem Ende zum anderen zu bepflanzen, möglichst hochwachsende Bäume und Beete mit Blumen aus ganz Norwegen sollen das Flanieren dann doch ermöglichen. Mit der Bepflanzung ist auch schon begonnen worden – aber es dauert natürlich, bis so ein Baum richtig groß geworden ist und schattenspendend zum Darunterliegen einlädt.

In der Dronning Eufemias gate stehen die berüchtigten, »Barcode« genannten, klobigen, den Blick zum Fjord versperrenden Hochhäuser.

Adresse Dronning Eufemias gate, 0103 Oslo | ÖPNV U-Bahn bis Oslo S (alle Linien) | Tipp In der Eufemia Bar im Thon Hotel, einer Bar mit Straßencafé, werden Snacks aus aller Welt serviert. Wunderbar zum Menschenbeobachten. Spezialität: Cocktails, die aus den vom Gast gewünschten Zutaten zubereitet werden.

21 Eidsvoll

Die Wiege der norwegischen Verfassung

Man sieht ihn schon vom Zug aus – den riesigen weißen Holzpalast, der den eher prosaischen Namen Eidsvollsbygningen (also: Eidsvollgebäude) trägt. Dort trafen sich 1814 die wichtigsten Männer Norwegens, um ihrem Land eine neue Verfassung zu geben. Nach 400 Jahren dänischer Herrschaft rechneten sie mit baldiger Unabhängigkeit und wollten vorbereitet sein. Der Tag, an dem sie ihr Werk vollendeten, ist heute der norwegische Nationalfeiertag, der 17. Mai. Diese Verfassung gilt bis heute, wenn auch mit kleinen Veränderungen – die Version von 1814 sah zum Beispiel vor, dass nur vermögende Männer Stimmrecht hatten und dass Juden und Jesuiten die Einreise nach Norwegen verwehrt sein sollte.

Das Eidsvollgebäude ist riesengroß, es wurde 1770 errichtet und war das größte Holzhaus des Landes. Entsprechend reich verziert ist es von innen. Selbst wenn man nicht wüsste, dass man hier auf historischem Boden steht, wäre der Besuch dieser spätbarocken Pracht ein Erlebnis.

Eidsvoll hat jedoch noch mehr zu bieten. Der Ort liegt idyllisch am Mjøsa (Norwegens größter Binnensee), von hier aus gibt es Touren mit dem mehr als 150 Jahre alten Raddampfer Skibladner, der jeden Sommer einmal untergeht, aber vom Seegrund hochgeholt und liebevoll restauriert wird. Im Mjøsa haust, wenn wir den Berichten vertrauenswürdiger Pastoren über mehrere Jahrhunderte hinweg Glauben schenken mögen, eine furchterregende Seeschlange, die immer dann auftaucht, wenn der Gegend eine Katastrophe bevorsteht. Zum Glück hat sie sich länger nicht mehr gezeigt.

In der Umgebung von Eidsvoll wimmelt es geradezu von idyllischen, kleinen, fischreichen Seen – Angeln mit Angelkarte ist überall erlaubt. Und es gibt mehrere markierte Wanderwege, der beliebteste führt auf den fast 600 Meter hohen Berg Skreikampen – von dort hat man einen phantastischen Blick auf den Mjøsa.

Adresse Eidsvollsbygningen, Carsten Ankers veg 19, 2074 Eidsvoll Verk | **ÖPNV** Bahnlinien R10 und L12 bis Eidsvoll | **Öffnungszeiten** Di–Fr 11–15 Uhr, Sa und So 11–16 Uhr, keine aktuellen Abfahrtszeiten für Skibladner, www.skibladner.no/hjem | **Tipp** Ein gutes Grundgesetz ist zweifellos ein Juwel, aber ein Smaragd auch. Nicht weit von Eidsvoll liegt Nordeuropas einziges Smaragdbergwerk. Richtig reichhaltig sind die Smaragdadern zwar nicht, weshalb sie nur zehn Jahre (1899–1909) kommerziell ausgebeutet wurden. Aber die Vorkommen sind nicht erschöpft, was die Grube zu einem beliebten Ziel macht.

22 Das einstige Inselkloster

Tafeln wie Gott im Kloster

Hovedøya war einst eine Klosterinsel – aber bei den vielen Überresten von ehemaligen Klöstern in Oslo kann man ohnehin den Eindruck gewinnen, dass die ganze Gegend im Mittelalter ein einziger riesiger Klosterhof war. Das stimmt allerdings nicht, und von den alten Klosteranlagen sind auch nur wenige einigermaßen gut erhalten. Das einstige Zisterzienserkloster – sein wohlklingender alter Name: Sanct Edmund og Sancta Mariae kloster – auf Hovedøya ist da die große Ausnahme.

Es wurde im 11. Jahrhundert von englischen Mönchen gegründet, die aus ihrer Heimat nicht nur fromme Bücher mitbrachten, sondern auch Obstbaumsetzlinge. Viele heute in Norwegen heimische Obstbaumsorten wurden erstmals auf der Insel angepflanzt! Ihre Nachkommen mischen noch immer die grüne Vegetation auf. Das Kloster wurde in der Reformationszeit aufgelöst, einige Gebäude wurden abgerissen. Die Mönche wurden vertrieben, die Leibeigenen auf den klostereigenen Gütern wurden nicht etwa freigelassen, sondern waren von nun an königliche Leibeigene. Wie die ursprüngliche Klosterkirche ausgesehen hat, wissen wir eigentlich gar nicht. Vermutlich war sie zweischiffig, aber im 19. Jahrhundert wurde ein Teil der Ruinen ohne weitere Sachkenntnis restauriert. Es ist auch nicht immer klar zu erkennen, welche der Ruinen gar nicht zum eigentlichen Kloster gehörten, sondern anderen Zwecken dienten: Befestigungswerke, Lagerhäuser, Kontorhäuser (hier wurde schließlich heftig Handel getrieben).

Dennoch stehen wir auf Hovedøya vor einer der besterhaltenen mittelalterlichen Klosteranlagen Norwegens, ein Gelände, in dem wir stundenlang herumstromern und auf Entdeckungsreisen gehen können. Mitten zwischen den Ruinen erzählt ein in eine Metallplatte eingeprägter Grundriss, wie das Kloster im 13. Jahrhundert aussah und in welchem Teil wir uns vermutlich gerade befinden.

Adresse Hovedøya, 0150 Oslo | **ÖPNV** Fähre 92 von Aker Brygge | **Tipp** Klosterkroa: Ein freundliches rotes und innen ganz in Weiß gehaltenes Holzhaus beherbergt die Klostergaststätte, die sich auf Essen aus der Region spezialisiert hat. Berühmt ist das riesige Krabbenbrot!

23 Der Ekeberg

Die Reise auf den Eichenberg

Ekeberg heißt Eichenberg, aber die Eichenwälder, denen dieser Berghang seinen Namen verdankt, sind längst verschwunden – als Dänemark sich im 17. Jahrhundert aufmachte, um sich Kolonien in der Karibik zuzulegen und mit Sklavenhandel reich zu werden, wurde alles abgeholzt und zum Schiffbau verwendet. Als Christiania wuchs, siedelten sich am Hang die Leute an, die dringend gebraucht wurden, in der Stadt aber unerwünscht waren, Prostituierte, Schnapsbrenner oder auch Kräuterfrauen, die in der Stadt keine Heiltränke verkaufen durften.

Ekebergskrenten, also der Ekeberghang, bekommt zwar wegen seiner Ausrichtung nach Norden im Winterhalbjahr kaum Sonne ab, liegt aber trotzdem geschützt. Das machte ihn schon im Mittelalter zu einer beliebten Wohngegend. Er gehörte zu den in alten Dokumenten aufgezählten Stadtteilen des damaligen Áslo. Die geschützte Lage begünstigte ein reiches Wachstum von allerlei Pflanzen, die sonst so weit im Norden nicht zu finden sind, manche Insekten, die sich hier wohlfühlen, sind anderswo in Norwegen noch nicht gesichtet worden.

Dazu bieten die noch übrig gebliebenen Wälder auch heute Dachsen, Füchsen und Rehen ausreichend Lebensraum. Dazwischen Wohngebiete – alte Gutshäuser, restaurierte Kätnerstellen, moderne Wohnblocks, Villen aus der Zeit um 1900, alles vorhanden.

Über alldem thront wie eine Trutzburg die ehemalige Seemannsschule – der preisgekrönte Bau von 1917 ist innen reich ausgeschmückt, wird aber als Gesamtschule genutzt und kann deshalb nur von außen bewundert werden. Hinter der Schule jedoch, frei zugänglich, sind steinzeitliche Felsritzungen zu sehen, die einzige frühzeitliche Anlage dieser Art in Oslo: 13 Figuren, vermutlich Elche, ein Mensch und ein Vogel machen irgendwas, die Forscher sind sich wie üblich nicht einig, wie die Darstellungen zu deuten sind. Beeindruckend sind sie allemal.

Adresse im Stadtviertel Ekeberg, 0193 Oslo | **ÖPNV** Die Straßenbahnen 18 und 19 fahren langsam und in vielen Schlangenlinien bis zur ehemaligen Seemannsschule, eine schönere und billigere Sightseeingtour gibt es in ganz Oslo nicht. | **Tipp** Bei der Schule Ekebergskole steht das Denkmal für Anne Brannfjell (1815–1905), Oslos berühmteste Naturheilerin, geschaffen von der Bildhauerin Kirsten Kokkin.

24 Der Enga Pub

Das Mekka für den Fußballfan

Man sollte sich in diesem Pub, egal, welche Mannschaft man normalerweise anfeuert, als Vålerenga-Fan outen. Denn das hier ist die Stammkneipe der Fans dieser Osloer Mannschaft. Die Einschränkung gilt nicht so ganz, wenn man nicht aus Norwegen kommt, da darf man gern den FC Köln oder St. Pauli im Schilde führen … solange man nicht unvorsichtigerweise einem anderen norwegischen Team den Vorzug vor Vålerenga gibt. Also behaupten Sie einfach, dass sie Hamkam oder Rosenborg verachten, und Sie werden sich wohlfühlen.

Gleich beim Eintreten schaut man auf einen prachtvollen Tresen mit einer Art Kupfertür. Böse Zungen behaupten, dort springe ein blutrünstiges Ungeheuer heraus, wenn jemand eine abfällige Bemerkung über Vålerenga macht, aber das hatten Sie doch ohnehin nicht vor, nicht wahr? Über der Kupfertür hängt ein Bild mit der Aufschrift »Empfangsbereich«, und wirklich, man wird freundlich empfangen.

Ist man allein oder zu zweit, ohne furchtbar verliebt auszusehen, wird man auf die Barhocker komplimentiert, denn im Enga Pub wird Wert darauf gelegt, dass die Gäste miteinander ins Gespräch kommen und niemand dumpf vor sich hinbrütet, der das nicht unbedingt will. Das Einstiegsthema ist klar: Fußball. Es ist wie eine Vorstellung unter höflichen Leuten, nur nennt man statt des Namens eben das Lieblingsteam: »FC Liverpool.« – »Sehr angenehm, Fortuna Düsseldorf.« Es gibt hier Schals, wird behauptet, von allen Mannschaften der Welt, allerdings nicht von den allerkleinsten Vereinen aus der Provinz. Sind die einleitenden Höflichkeiten ausgetauscht, kann man sich über die bevorzugte Biersorte unterhalten, die Auswahl daran ist nämlich fast so groß wie die an Teamschals. Es gibt zudem die übliche Kneipenkost und ab und zu Livemusik. Aber wie gesagt, tagsüber darf man dort auch in aller Ruhe ein Bier trinken und einfach den Leuten mit ihren Fußballschals zusehen!

Adresse Vålerenggata 5, 0657 Oslo | ÖPNV Bus 100, 300 bis Galgeberg | Öffnungszeiten Di–Do 16–1 Uhr, Fr–So 15–1 Uhr | Tipp Einfach bis zum Ende der Straße gehen und in die Etterstadgate abbiegen. Dort liegt die Gartenkolonie Etterstad, eine der ältesten von Oslo, wie eine grüne Oase.

25 Fenaknoken

Eine Art Schlaraffenland

Schlaraffenland ist vielleicht übertrieben, denn weder müssen wir uns durch einen Wall aus Brei fressen, noch fliegen uns nach getaner Tat die geräucherten Rentierkeulen von selbst in den Mund ... aber auf jeden Fall ist das Delikatessengeschäft Fenaknoken ein Paradies für Feinschmecker (und Vielfraße). Fenaknoken heißt übersetzt langweilig »Viehknochen«, aber ein Fenaknok – oder häufiger Fenalår – ist eine trocken gesalzene Hammelkeule, manchmal auch geräuchert. Am Prozess des Salzens scheiden sich die Geister und die Regionen. Genaue Informationen zum jeweiligen Stück gibt es im Laden.

Fenaknoken wurde von Le Monde als eine von Oslos bedeutendsten Sehenswürdigkeiten bezeichnet. Neben Hammelkeulen gibt es geräucherten Elch, getrocknetes Rentierfleisch, saunageräucherte Rentierherzen und – vergleichsweise wenig exotisch – Kartoffelsalat. Im Schaufenster stehen ausgestopfte Tiere, ein Rentier und ein Hase zum Beispiel, dazwischen liegen die Delikatessen. Im Laden hängen Schinken und die namensgebenden Hammelkeulen an der Wand, und es gibt Würste und Käse aller Art und Butter aus Kviteseid – das ist ein Ort in Telemark, dessen Bewohner ihre Butter jedenfalls für die beste der Welt halten. Der Osloer Schriftsteller Torgrim Eggen, auch berühmt für seine Kolumnen über Osloer Befindlichkeiten und Essgewohnheiten, weist darauf hin, dass auf dem Hof seiner Vorfahren, der im Norden von Østerdalen liegt, ein besonders köstlicher Blauschimmelkäse hergestellt wird, Eggen Spesial, »er schmeckt wirklich sehr gut«, wie Herr Eggen versichert.

Telemark, Østerdalen – wenn Sie nicht quer durch Norwegen reisen wollen, können Sie jedenfalls im Fenaknoken ganz Norwegen kosten. Zu Vergleichszwecken wird übrigens auch spanischer Pata-Negra-Schinken angeboten. Kann er sich mit einem Fenalår messen? Urteilen Sie selbst.

Adresse Fridtjof Nansens plass 9, 0160 Oslo | ÖPNV alle U-Bahn-Linien, Bus 81 bis Nationaltheatret | Öffnungszeiten Mo–Fr 10–18.15 Uhr, Sa 10–16 Uhr | Tipp Wenn Sie nun alle Arten von Fenalår gekostet haben, haben Sie bestimmt Durst, und dann ist es gut, zu wissen, dass um die Ecke das Burns liegt, früher: Burns Vin- og Pølsesalong. Eine alte Innenstadtkneipe, wo es immer ein erfrischendes Bier vom Fass gibt, aber natürlich, wie der alte Name schon sagte, auch Wein und Würstchen.

26 Das Filmhaus

Eine Prise Hollywood in Oslo

Eine der Attraktionen der Quadratur (siehe Ort 73) ist das Filmhaus, hier wird die Geschichte des norwegischen Films untersucht.

Das norwegische Filmschaffen fing schon kurz nach 1900 an – zuerst gab es kurze Slapstickfilme, bald aber schon Verfilmungen von damals moderner Literatur, vor allem Ibsen und Hamsun, dazu Filme für Kinder. Und damit das Publikum nicht auf dumme Gedanken kam, gab es auch gleich eine Filmzensur. Die heißt heute immer noch so, schneidet aber keine unsittlichen oder politisch unerwünschten Szenen mehr heraus, sondern legt einfach das Alter fest, ab dem ein Film für die Öffentlichkeit zugelassen ist.

In einem Filmhaus gibt es natürlich auch ein Kino, die Cinemathek, die Klassiker und kommerziell nicht ganz so erfolgversprechende Filme zeigt und bisweilen Filmtage zu besonderen Themen veranstaltet – auf der Website ist aus unerfindlichen Gründen nur ein Link zu den arabischen Filmtagen von 2013 angezeigt, aber es gibt wirklich auch heute noch Filmtage zu allen möglichen Themen. Bis 2019 existierte auch ein Filmladen – Filmbutikken –, wo norwegische Filme, Filmbücher und Filmsouvenirs verkauft wurden, zum Beispiel lustige kleine Figuren aus den Filmen des bekannten Puppenfilmers Ivo Caprino (sehr begehrt als Glücksbringer). Eine kleinere Auswahl gibt es nun aber an der Rezeption des Filmhauses.

Immer schön ist ein Besuch im Filmkafe, wo man Kneipenkost (Baguettes, Salate) und ein schönes Glas Wein bekommt. Und es gibt – theoretisch – ein Filmmuseum, wo man auch Filme über die norwegische Filmzensur oder alte Klassiker sehen kann. Das Filmmuseum soll nun aber dem Nationalmuseum unterstellt werden. Da aber im neuen Nationalmuseum schon kein Platz mehr war, ehe es überhaupt eröffnet werden konnte, wird das Filmmuseum in den nächsten Jahren weiterhin in der Quadratur zu finden sein.

Adresse Dronningens gate 16, 0152 Oslo | ÖPNV U-Bahn bis Nationaltheatret (alle Linien) | Öffnungszeiten Mo–Fr 10–16 Uhr, Filmcafé: Mo 9–15 Uhr, Di–Fr 9–21 Uhr, So 15.30–21 Uhr | Tipp Vor Nasjonalteatret steht eine berühmte Statue des Dichters Henrik Ibsen, geschaffen von Stephan Sinding (1846–1922). Einige Meter daneben, ebenfalls von Sinding: Ibsens großer Gegenspieler Bjørnstjerne Bjørnson, der mit dem Tigergedicht (siehe Ort 68)!

27 Frau Delphin

Die Frau mit der ewig guten Laune

Sie war ein Prunkstück der Alten Nationalgalerie, immer einen Besuch wert, und wer ihr seine Aufwartung machte, hatte für den Rest des Tages gute Laune. Zusammen mit all den anderen Werken norwegischer, skandinavischer und internationaler Kunst ist sie in das neue Nationalmuseum auf dem Gelände des ehemaligen Westbahnhofs umgezogen. Das ist ein gewaltiger Protzbau mit mehreren Gourmetrestaurants, einer großen Dachterrasse und sonstigem Schnickschnack. Ob er wirklich so schrecklich geworden ist, wie die Entwürfe androhten, davon kann sich jeder selbst ein Bild machen.

Es ist wenig bekannt über Frau Amtsrichter Delphin, um deren Porträt es hier geht. Sie trägt darauf eine Spitzenhaube und einen Spitzenkragen, dazu ein blaues Kleid – die typische Biedermeierfrau. Und sie lächelt, ach, wie sie lächelt, beim Betrachten lächelt man unwillkürlich mit. Sie hat sich für den Maler oder die Nachwelt besonders schön gemacht und dabei ein bisschen zu tief ins Rougedöschen gegriffen. Oder vielleicht hatte sie einfach so schöne rote Apfelbäckchen? Mathias Stoltenberg hat sie 1844 gemalt. Woher Stoltenberg Frau Delphin kannte, ist ungewiss, hat er sie gemalt, weil ihr Lächeln ihn umgeworfen hat, oder wurde er dafür bezahlt? Wusste er, dass sie mit Vornamen Engel Marie hieß, was zu einem so gut gelaunten Wesen perfekt passt? Sie lebte mit ihrem Amtsrichter in Molde. Rouge konnte sie da sicher nicht im Laden kaufen. Aber die Vorstellung ist schön, dass sie von Besuchen in Oslo einen großen Vorrat mitbrachte, und weil sie so viel hatte, benutzte sie auch so viel. Auch diese Vorstellung ist wunderbar: Dass sie sich immer so freute, wenn der Herr Amtsrichter Delphin aus dem Amtsgericht nach Hause kam, dass sie sich für ihn besonders hübsch machen wollte. Es ist kaum etwas über sie bekannt, wie gesagt. Aber egal, der Besuch bei ihr sorgt jedenfalls für allerbeste Laune!

Adresse Nationalmuseum beim alten Westbahnhof, 0250 Oslo | ÖPNV Straßenbahn 12 bis Aker Brygge | Öffnungszeiten Informationen unter www.nasjonalmuseet.no/en | Tipp Nobels Friedenszentrum, Nobels Fredcenter, bietet Ausstellungen zur Geschichte des Friedensnobelpreises, ein Informationszentrum, einen reichhaltigen Buchladen mit Veröffentlichungen zum Thema und einen Souvenirladen (dort gibt es zum Beispiel die beliebten Mandela-Armbänder, der Erlös geht an Hilfe für AIDS-Kranke in Südafrika).

28 Freia

Charlie (und andere) und die Schokoladenfabrik

Freia, die nordische Göttin der Liebe und der Schönheit, stand Patin für Norwegens bekannteste Schokoladenfabrik. Sie konnte aber nicht verhindern, dass die nach ihr benannte Firma von einem Multiplayer aufgekauft wurde, der kurzerhand einige nur in Norwegen bekannte Schokoriegel aus dem Sortiment nahm. Bekanntestes Opfer: Lohengrin, eine 1913 für die Osloer Oper erfundene, mit einer Rumcreme gefüllte Bitterschokolade. Wilder Protest der norwegischen Lohengrinfans half nichts.

In der Fabrik kann man die alten Lohengrinformen noch bewundern, außerdem gibt es eine Ausstellung über die Geschichte der Kakaoproduktion. In einem interaktiven Erlebniszentrum kann das neu erworbene Wissen dann getestet werden – und man darf sich an der Herstellung eigener Schokolade versuchen. Fällt das Ergebnis gar zu enttäuschend aus, ist es nicht so schlimm, denn auch die offiziellen Freiaprodukte können ausgiebig getestet und gekostet werden.

Hier, im Osloer Stadtteil Rodeløkka, wird seit 1889 Schokolade hergestellt, das Fabrikgebäude erhielt seine heutige Gestalt erst in den 1920er Jahren. Unbedingt zu empfehlen: ein Besuch in Norwegens schönster Kantine! Die wurde nämlich von keinem Geringeren gestaltet als von Edvard Munch! Zwölf seiner Gemälde zieren die Kantinenwände. Die Besichtigung ist möglich im Rahmen von Führungen durch die Fabrik, dabei wird darauf geachtet, dass die Angestellten in ihrer Mittagspause ungestört sind.

Vom Freiasaal aus geht es dann in die Støperi (»Gießerei«), wo man profihaft an den entsprechenden Geräten Schokolade gießen, kosten, genießen und selbst verpacken kann. Alles im Preis inbegriffen, auch die bildschöne Verpackung. Wenn aber beim Gießen alles schiefgeht und nur klebriger Matsch aus dem Conchiergerät quillt: Es gibt natürlich auch einen Fabrikladen, wo tadellose Vorräte für zu Hause gebunkert werden können!

Adresse Johan Throne Holsts plass 1, 0566 Oslo | ÖPNV Straßenbahn 11, 12 und 13 und Bus 30 bis Birkelunden, Bus 20 bis Københavngata | Öffnungszeiten Mo–Fr 9–18 Uhr | Tipp Der Freiapark hinter der Fabrik wurde in den 1920er Jahren als Erholungsgelände für die Fabrikarbeiter angelegt. Wunderschöne Grünanlage, viele Skulpturen. Die bekannteste: Freia auf einem Eisbären reitend, ein Werk von Gustav Vigeland.

29 Gedenken an St. Hallvard

Ein Skål auf Oslos Schutzheiligen!

St. Hallvard, Oslos Schutzheiligen, haben alle schon einmal gesehen – schließlich ziert sein Bild jedes Schild am Stadtrand, das kundtut, dass man sich nun in Oslo befindet. Auf den Spuren des heiligen Mannes zu wandeln ist dagegen gar nicht so einfach – zweifellos, weil er sich zu seinen Lebzeiten niemals hier aufgehalten hat.

Hallvard lebte im 11. Jahrhundert in Lier am Drammensfjord. Als er eines Tages über den Fjord rudern wollte, kam eine schwangere Leibeigene angelaufen und flehte ihn um Hilfe an. Sie war als Diebin verdächtigt, und drei Männer verfolgten sie. Hallvard glaubte ihr und half ihr in sein Boot. Sie waren jedoch noch nicht weit gekommen, als die Verfolger das Ufer erreichten. Sie forderten Hallvard auf, die Frau herauszugeben, er weigerte sich, die Unholde gaben einen Pfeilhagel auf ihn ab und trafen ihn tödlich. König Harald III. ließ ihn in Oslo im gerade frisch erbauten Dom feierlich beisetzen. Das Osloer Stadtwappen zeigt den Heiligen, der in der einen Hand einen Mühlstein und in der anderen drei Pfeile hält. Hinter ihm stehen zwei Löwen (Norwegens Wappentiere), zu seinen Füßen liegt eine nackte Frau. Im 19. Jahrhundert wurde das Wappen leicht verändert, aus Gründen der Schicklichkeit wurde der Frau ein Kittel verpasst. Heute ist sie wieder nackt (obwohl die Legende nichts über ihr Erscheinungsbild sagt), und das Wappen ziert Wegweiser, Gullydeckel und die Westwand des Osloer Rathauses.

Im Rathaus zeigt ein riesiges Fresko von Alf Rolfsen (1895–1979) den Heiligen in heroischer Lohengrinpose, umgeben von Schwänen.

Wer sich um Oslo besondere Verdienste erwirbt, wird mit der St.-Hallvards-Medaille ausgezeichnet, und am St.-Hallvards-Tag, dem 15. Mai, gibt es um die Ruine der Hallvardskirche in Gamlebyen immer irgendein historisches Schauspiel und einen Mittelaltermarkt.

Adresse Ruinparken, St. Halvards plass, 0192 Oslo | ÖPNV Bus 32, 70, Straßenbahn 18, 91 bis St. Halvards plass | Tipp Wenn gerade nicht der 15. Mai ist, dann probieren Sie doch den köstlichen, in Oslo hergestellten St.-Hallvards-Likör, der ebenfalls das Osloer Wappen auf dem Etikett zeigt – es ist ein 40-prozentiger, im Eichenfass gereifter Kräuterlikör, der auch Sündern wohl bekommt!

30 Das Goethe-Institut

Hier liegt des Pudels Kern

Das Goethe-Institut in Oslo ist Ende 2018 in neue Räumlichkeiten umgezogen. Von außen sieht es aus wie ein altes Ladenlokal, mit vielsprossigen Fenstern, hinter denen man sich vieles vorstellen kann, handgeschnitzte Möbel, ein gemütliches Café oder ein Antiquariat. Die Möbel sind jedoch modern, wie die ganze Innenausstattung. Die moderne Innenarchitektur der Osloer Architektin Bodil Reinhardsen ist sehenswert.

Das mit dem Café stimmt auch ein bisschen: Im Goethe-Institut kann man deutschsprachige Zeitungen und andere Medien lesen und dazu einen Kaffee, Tee oder Cappuccino trinken. An Büchern fehlt es natürlich auch nicht. Allerdings ist im neuen Domizil nicht so viel Platz wie im alten, deshalb gibt es keine klassische Ausleihbibliothek, sondern die sogenannte »Onleihe« – Zugang zur elektronischen Bibliothek aller Goethe-Institute weltweit. Alle dort vorhandenen Medien können Sie für einen bestimmten Zeitraum auf Ihr Lesegerät herunterladen.

Ab und zu werden kleinere Ausstellungen arrangiert, große sind aus Platzgründen nicht möglich. Aber oft kommt es zur Zusammenarbeit mit norwegischen Veranstaltern, um Projekte mit Deutschlandbezug zu fördern. Lesungen von deutschen Autorinnen und Autoren sind natürlich besonders beliebt – und dann gibt es das, was man vom Goethe-Institut schließlich erwartet: Deutschkurse. Die können uns natürlich egal sein, lieber ein wenig Goethe lesen und einen Kaffee trinken.

Wenn Sie Fragen über Land und Leute haben, darüber, wie der norwegische Staat aufgebaut ist und was der Unterschied ist zwischen den Kammern des Parlaments, die Storting und Odelsting heißen, sind Sie im Goethe-Institut richtig. Und man trifft dort fast immer Norweger, die aus welchen Gründen auch immer Deutsch lernen und sich wahnsinnig freuen, das Gelernte an »echten« Deutschen ausprobieren zu können!

Adresse Maridalsveien 33P, 0175 Oslo | ÖPNV Bus 34 und 54 bis Telthusbakken | Öffnungszeiten Mo–Fr 9–16 Uhr | Tipp In derselben Straße, ein Stück weiter stadtauswärts, steht Vøienvolden Gård, ein Bauernhof aus dem 18. Jahrhundert, der älteste erhaltene Bauernhof der Stadt. Prachtvolles Hauptgebäude.

31 Das Grab der Zigeunerkönigin

Oslos prunkvollste Grabstätte

So steht es auf dem Grabstein: »Die Zigeunerkönigin *(Sigøynerdronningen)* Lola Karoli, 1929–1996«. Viele goldene Schnörkel und Symbole zieren den schwarzen Marmor, der in abgestuft übereinanderliegenden Platten wirklich eine Art Thron zu bilden scheint, auf dem oben das Bildnis der Königin prangt (darunter, viel kleiner, ein Bild des Gatten Polykarp). Wobei es sich bei »Königin« nicht um einen erblichen Titel handelt, sondern um einen Ausdruck dafür, welches Ansehen Lola Karoli in der norwegischen Zigeunergemeinde genoss. Diese Auskunft verdanken wir ihrer Tochter Solomia Karoli, eine der profiliertesten norwegischen Menschenrechtlerinnen, die trotz aller Debatten über die politisch korrekte Ausdrucksweise darauf besteht, eine Zigeunerin zu sein. Das sei ein Romaniwort, das »Mensch« bedeutet, und auf dieses Wort sollten sie stolz sein, erklärt sie unermüdlich, statt auf Notbehelfe wie »Roma und Sinti« zurückzugreifen, die noch dazu andere Gruppen unerwähnt lassen, wie Jenische oder Khalderasch.

2015 besuchte auf ihre Aufforderung Nils Muižnieks, der Menschenrechtskommissar des Europarates, Norwegen und äußerte sich entsetzt über die Ausmaße der Diskriminierungen, denen das Volk von Königin Lola hier weiterhin ausgesetzt ist. Dass das Grab der Zigeunerkönigin schon mehrfach geschändet wurde, passt da ins Bild. Einmal wurde es aufgebrochen, weil in einer Fernsehsendung fälschlich behauptet wurde, Lola sei mit Schmuck im Wert von über einer Million begraben worden.

Ansonsten wird es »nur« mit Farbe beschmiert, und jedes Mal behauptet die Osloer Boulevardpresse ohne den geringsten Beweis, da seien zweifellos rivalisierende Clans am Werk. Ein guter Grund, auf dem wirklich beeindruckenden Grab Blumen abzulegen und vielleicht ein Buch von Solomia Karoli zu kaufen.

Adresse Vestre Gravlund, 0369 Oslo | ÖPNV Linien 2 und 3 bis U-Bahn-Station Borgen | Öffnungszeiten immer geöffnet | Tipp Auf dem Friedhof gibt es einen eigenen Kinderfriedhof, inspiriert von Astrid Lindgrens Beschreibung des Kirschblütentals in »Die Brüder Löwenherz«.

32 Das Grand Café

Wo Ibsen Stammgast war

Jeden Tag, wenn Ibsen seine Uhr aufgezogen hatte (siehe Ort 99), begab er sich ins Grand Café. Dort hatte er seinen festen Platz, sogar sein festes Besteck lag bereit. Die anwesenden Café-Gäste erhoben sich und applaudierten, wenn das Genie den Saal betrat. Doch Ibsen ignorierte den Applaus, setzte sich und ließ sich jedes Mal dasselbe servieren: ein großes Bier und einen kleinen Schnaps. Das Schild »reserviert für Dr. Henrik Ibsen« ist noch heute zu sehen – was passiert, wenn man sich auf diesen Platz setzt, weiß niemand so recht.

Das Café gehört zum 1874 eröffneten Grand Hotel, damals das erste Haus am Platze, und noch immer zeugt es von der alten Pracht – auch von außen. Die neoklassizistische Fassade wurde mit hellem Granit verblendet, in der Mitte ragen auf mehreren Etagen Balkons hervor, ganz oben thront ein Glockenturm. Nicht weniger prachtvoll ist das Innere, und deshalb war das Café immer schon ein Treffpunkt von Oslos bestem Bürgertum. Die berühmten Wandgemälde sind deshalb irreführend. 1929/30 wurden sie vom Maler Per Krohg ausgeführt, Ibsen ist darauf zu sehen, aber auch die berühmtesten Persönlichkeiten der alten Bohèmeszene: Christian und Oda Krohg, die Eltern des Künstlers, der Autor Hans Jæger und der Maler Edvard Munch – die allesamt mit Ibsen nichts zu tun haben wollten und lieber im auf der anderen Straßenseite gelegenen Theatercafé zechten. Immerhin wäre Munch gern Gast im Grand Café geworden. Als er einmal total abgebrannt war, bot er den Hotelbetreibern sein Gemälde »Das kranke Kind« im Austausch gegen 70 Schnitzel an. Die Antwort, diese Schmiererei sei höchstens ein Spiegelei wert, ist dem Hotel noch heute peinlich.

Regeln für den Besuch im Grand Café: Nicht auf Dr. Ibsens Platz setzen, nicht nach Munch fragen, Trinkgeld geben! (Was Ibsen nie tat.) Heute logieren im Grand die mit dem Friedensnobelpreis Ausgezeichneten.

Adresse Karl Johans gate 31, 0159 Oslo | ÖPNV U-Bahn bis Nationaltheatret (alle Linien) | Öffnungszeiten Mo–Fr 11.30–22 Uhr, Sa 12–22 Uhr, So 12–21 Uhr | Tipp Ganz oben im selben Haus ist die Eight Rooftop Bar, vom Hotelfoyer aus mit dem Fahrstuhl zu erreichen: eine elegante Bar mit phantastischem Blick über Oslo, beliebt bei Oslos Prominenz aus Showgeschäft und Politik, auch Friedensnobelpreisträger wurden hier schon gesichtet.

33 Gressholmen

Flugplatz mit Kaninchen

Ein bisschen größer als Nakkholmen ist die Insel Gressholmen, deren Name schon besagt, dass es dort sehr viel Gras gibt. Die Überfahrt von Oslo aus dauert ganze elf Minuten, und für den Preis des Fahrscheins gibt es gleich drei Inselchen: Gressholmen, Heggholmen und Rambergøya. Die drei sind durch Brücken miteinander verbunden und messen dadurch fast 150 Dekar!

Auf Gressholmen wurde 1927 Norwegens erster Flugplatz für Linienflüge eingeweiht – der erste Flug ging mit Lufthansa nach Berlin! Der Platz existierte, bis 1939 der viel größere Flughafen Fornebu eröffnet werden konnte. Bis 1952 gab es noch einen kleineren Flugplatz für Wasserflugzeuge. Dessen Anlage ist noch erhalten und dient heute als Hafen und Reparaturstätte für Freizeitboote.

Berühmt ist Gressholmen auch wegen seiner gewaltigen Population an Wildkaninchen. Die allerersten Exemplare wurden gegen Ende des 19. Jahrhunderts ausgesetzt, damit Oslos Freizeitjäger sich mit Kaninchenschießen amüsieren konnten – sie vermehrten sich so fröhlich, dass 2007 beschlossen wurde, sie auszurotten. Sie fraßen eben nicht nur Gras, sondern auch die unter Naturschutz stehenden seltenen Pflanzen, und ihr Weideverhalten führte zu bedrohlicher Bodenerosion. Ganz kaninchenlos konnte sich die Insel aber niemand vorstellen, einige wurden also am Leben gelassen und vermehrten sich wieder. Wenn man heute nach Gressholmen kommt, denkt man: Ganz schön viele Karnickel.

Von Gressholmens kurzer Karriere als Industriestandort zeugen die Reste einer Schmalspurbahn mit eigener Drehscheibe, die um 1900 für eine schon 1940 aufgegebene Lackfabrik angelegt wurde. Gressholmenfans erzählen gern, wie schön es ist, dort im Schlafsack zu übernachten und zu den Sternen hochzuschauen. Das ist allerdings verboten, weshalb wir ausdrücklich nicht zum Nachahmen anregen wollen!

Adresse Gressholmen, 0150 Oslo | ÖPNV Fähre von Rådhusbryggene | Tipp Gressholmen kro, die Inselgaststätte: Spezialität sind Fisch- und Krabbengerichte vom täglich frischen Fang. Für Gäste, die lieber auf der Insel herumlaufen wollen, werden Picknickpakete bereitgestellt.

34 Der gute Mensch vom Ostbahnhof

Die Statue von Arne Skarpsno

Über das Bahnhofsgebäude, das den inzwischen nicht mehr so neuen Osloer Hauptbahnhof, Oslo S, beherbergt, lässt sich viel Kritisches sagen, aber es gibt im Gewühl auch Lichtblicke. Positiv ist auf jeden Fall zu vermerken, dass die alte Bahnhofshalle nicht vollständig abgerissen wurde. Ein Türmchen und eine Halle hat sie eingebüßt, aber das Gebäude aus rötlich gelbem Backstein steht noch und wurde in den Neubau integriert.

Ehe man die ehemalige Bahnhofshalle betritt, begegnet man der Büste eines Herrn mit fescher Schirmmütze, der einfach gütig aussieht, so einer, dem man sofort bedenkenlos seine Sorgen anvertrauen würde. Sein Name sagt sicher nur wenigen Nichtnorwegern etwas. Arne Skarpsno (1926–2008) wurde »Vater der Straßenkinder« genannt. Mit unermüdlicher Energie trug er Spenden zusammen, überredete staatliche Stellen, ihm einen Raum zur Verfügung zu stellen, war rastlos tätig – und dabei kümmerte er sich nicht nur um Kinder. In seiner Nothilfestelle am alten Ostbahnhof waren alle willkommen, die eine Mahlzeit oder einen Ort zum Aufwärmen brauchten. Der Platz vor dem Bahnhof, auf dem die Büste steht, heißt allerdings nicht nach ihm, sondern nach dem dänischen Prinzen Christian Frederik (1786–1848), der vom 17. Mai bis zum 10. Oktober 1814 auch Norwegens König war. Er bekam keine Skulptur, ihm blieb nichts als dieser lange verrufene Ort, »plata« (»die Platte«) genannt, der zum Sammelplatz von Oslos Junkies und Obdachlosen wurde. 2004 wurde plata von der Polizei geräumt, schließlich, so die Stadtverwaltung, mache der Anblick doch einen schlechten Eindruck auf die ankommenden Touristen. Arne Skarpsnos Appell, nicht an die Touristen zu denken, sondern an die Obdachlosen, verhallte ungehört. Immerhin bekam er einen königlichen Orden und eine Büste.

Adresse Jernbanetorget 1, 0154 Oslo | ÖPNV alle U-Bahn-Linien und die meisten Straßenbahnen und Busse bis Oslo S | Öffnungszeiten täglich 4.30–1.30 Uhr | Tipp Bei einem Blick nach oben in der alten Bahnhofshalle bleibt man garantiert hängen. Die alte Dachkonstruktion ist sorgfältig restauriert worden, hell und licht schwebt das Gewölbe über dem Gewimmel. In der Halle reiht sich ein Spezialitätenimbiss an den anderen, dazu gibt es eine Menge Lokale, die Küche aus ungefähr aller Welt anbieten.

35_Gutta På Haugen

Die Gewürzkönige auf dem Hügel

Es gibt noch Menschen, die sich an Zeiten erinnern, als es in der norwegischen Küche zwei Gewürze gab: Salz und Pfeffer. Alles andere wurde misstrauisch beäugt und für fremdländisch und überflüssig erklärt. Kein Wunder, dass die Jungs auf dem Hügel – gemeint ist der Stadtteil St. Hanshaugen – sich im Vierteljahrhundert ihres Bestehens einen geradezu legendären Ruf erworben haben. Dass der Besucher gleich ein Paradies betritt, zeigt schon ihre wunderbar bunte Ladenfront.

»20 Chilisorten«, sagt ein Stammkunde mit Sternen im Blick. Es gibt aber nicht nur Chili und Knoblauch, die Frage ist eher, was gibt es nicht – 2.500 Produkte sind es aktuell, sagen die Knaben, aber das kann sich täglich ändern. Alle Arten von Delikatessen, das Hauptgewicht liegt auf Feinkost aus Frankreich und Italien, aber auch die norwegische Bauernkost ist gut vertreten, und selbst bayerische Weißwürste findet die überraschte Kundin im reichen Angebot an Würsten und Schinken. Und schaut man die Paprika mit dem ungewöhnlichen lila Farbstich nur eine Sekunde zu lange an, beginnt einer der Jungs auch schon ein Gespräch über Paprikafarben, erklärt die Unterschiede und bietet Kostproben an. Klar, dass sich andere Kunden einmischen, dann werden neue Kostproben verteilt, und plötzlich hat man einen halben Tag bei den Jungs auf dem Hügel verbracht und doch das Gefühl, die Ladeninspektion gerade erst begonnen zu haben.

Wenn Sie aber in Ihrer Woche in Oslo noch andere Pläne haben und trotzdem das Gewürzerlebnis nicht missen möchten: Die Jungs haben in der Markthalle Mathallen in der alten Vulkanwerft eine Filiale eröffnet, alles ebenso schön und köstlich, nur eben kleiner und überschaubarer. Auch hier werden freigebig Kostproben verabreicht, die langen Gespräche dagegen müssen ausfallen, andere Kunden wollen schließlich auch probieren, und der Platz ist begrenzt.

Adresse Ullevålsveien 45, 0171 Oslo, Filiale in Mathallen: Vulkan 5, 0178 Oslo | **ÖPNV** Straßenbahn 17, 18 bis Adamstuen | **Öffnungszeiten** Mo–Sa 8–19 Uhr, So 9–19 Uhr; Filiale in Mathallen: Di–Sa 10–20 Uhr, So 11–18 Uhr | **Tipp** Wenn Sie ohnehin in Mathallen sind und sich nach Kostproben und Rumsteherei in der mit Ständen und köstlichen Angeboten übervollen Markthalle erst mal setzen möchten, dann empfehlen wir den möglicherweise besten Inder in Oslo, im Vulkankomplex, über dem Supermarkt Rema 100 gelegen: Made in India.

36_Gygrepytten

Der Eingang zur Hölle

Es brodelt, wallt und stinkt nach Schwefel – da kann man sich wirklich problemlos vorstellen, wie sich vor 1.000 Jahren jemand in diesen Quell hinabsinken ließ und wusste: Entweder komme ich geheilt von Krätze und Syphilis wieder heraus, oder ich sinke gleich bis zur Hölle hinab.

Gygrepytten ist die einzige Schwefelquelle in Ostnorwegen, hier kommt man sich vor wie in Island oder in der Eifel – oder eben am Eingang zur Unterwelt. Gygrepytten liegt 50 Kilometer von Oslo entfernt, wie ein ganz in der Nähe stehender Kilometerstein verrät (aufgestellt, als Oslo Kristiania hieß). Ist das vielleicht der Grund, warum sich um den Schwefelquell herum nie ein lebhafter Wallfahrts- und Badeort entwickelt hat? Wer im ausgehenden Mittelalter wirklich pilgern wollte, machte sich auf den langen Weg zum Grab von St. Olav in Nidaros (heute: Trondheim). Dabei kamen die Pilger zwar an Gygrepytten vorbei, aber 50 Kilometer, was bringt das schon, dachten sie sich, tranken vielleicht einen Schluck Wasser als Wegzehrung und eilten dann entsetzt weiter. Das Wasser schmeckt nämlich scheußlich und nach teuflischem Schwefel.

Wissenschaftlich erwiesen ist, dass es wirklich gegen Hautkrankheiten helfen kann, aber es ist sehr mühsam, hineinzuklettern, und noch mühsamer, wieder herauszukraxeln. Begnügen wir uns also mit dem ehrfürchtigen Betrachten der einzigen Schwefelquelle weit und breit.

Und der Name? Gygri war eine Riesin, die mit dem späteren heiligen Olav eine Wette einging: Sie wollte eine Brücke bauen, er eine Kirche. Olav war schneller, und als Gygri die Kirchenglocken hörte, war sie so wütend, dass sie sich ein Bein ausriss und auf die Kirche schleuderte. Sie traf aber nicht, das Bein fiel in einen in der Nähe gelegenen Tümpel, blieb dort liegen und faulte vor sich hin. Noch heute stinkt es von dort zu St. Olav im Himmel hoch!

Adresse Gygrepytten in Nerstein bei Steinssletta, 3512 Hole kommune | ÖPNV Bus 200 bis Steinsåsen | Tipp Die alte Kirche von Stein steht gleich in der Nähe. Im Mittelalter und auch vorher, als Oslo noch keine wichtige Stadt war, war hier ein lokales Macht- und Handelszentrum, reiche archäologische Funde berichten davon. Angeblich kann man noch heute in den Sumpflöchern oder unter eingefallenen Mauern Münzen aus allen Teilen der damals in Europa bekannten Welt finden.

37_Das Haus der Physik

Ein Besuch in der Universität

Mit der Universität ist hier Blindern gemeint, so wird die alte Uni, wo es auch Geisteswissenschaften gibt, genannt, um sie von der neuen Oslo Met zu unterscheiden. Blindern ist eigentlich ein Stadtteil von Oslo, aber das ist fast in Vergessenheit geraten, heute bezeichnet der Name nur noch die Lehrstätte.

Der Stadtteil ist uraltes Landbaugebiet, im Mittelalter wurde hier Wein angebaut, und das passt doch zu studentischer Weinseligkeit. Die Uni hat Karl Johan nach 1930 hierher verlegt, in den 1960er Jahren wurde dann noch einmal energisch ausgebaut. Das Unigelände ist weitläufig, vielfach begrünt und lädt zu Spaziergängen ein, wenn man sich nicht an der akademischen Atmosphäre berauschen will – oder sich bei »Air oder ihm« treffen. Das ist ein Witz der Germanisten. »Air« heißt eine Skulptur, die ziemlich am Eingang zum Campus steht (wenn man von der U-Bahn her kommt) und deshalb ein beliebter Treffpunkt geworden ist.

Eine absolute Sehenswürdigkeit ist das Haus der Physik, ein gewaltiger Backsteinbau, bewachsen mit Efeu. Die Motive der Decken- und Wandgemälde haben alle irgendwas mit Planeten zu tun, sind allerdings für Nicht-Physiker ziemlich undurchschaubar. Von der Decke hängt ein gewaltiges Pendel, eine Nachbildung des berühmten Pariser foucaultschen Pendels. Unter den Studierenden ist es ein beliebter Spaß, im Foyer einmal rund um die Uhr Wache zu halten, um sichergehen zu können, dass das Pendel wirklich eine volle Erdumdrehung beschreibt.

Wenn man es eilig hat und weniger Zeit in Blindern verbringen möchte, empfiehlt sich ein Kaffee im immer hektischen Unicafé Frederikke. Ruhe bietet die im selben Gebäude eingerichtete Frederikke-Kapelle. Jeden Dienstag um 12.15 Uhr während des Semesters hält dort der Unipastor einen Gottesdienst ab, ansonsten steht sie allen offen, die einen Moment Ruhe und Sammlung brauchen.

Adresse Problemveien 11, 0313 Oslo | **ÖPNV** U-Bahn-Linie 5, Straßenbahnen 17, 18 bis Blindern | **Öffnungszeiten** Frederikke: Mo–Do 7–19 Uhr, Fr 7–18 Uhr | **Tipp** Natürlich gibt es in Blindern auch einen Buchladen, schräg gegenüber von Frederikke liegt der Akademika Bokhandel, geräumig und gut sortiert mit Büchern für alle Fächer, die hier gelehrt werden, auch Bücher in anderen Sprachen sind zu finden. Immer gibt es kleine Sonderausstellungen mit den aktuellen Veröffentlichungen der Universitätsangehörigen.

38 Die Henrik Ibsens Gate 26

Des Dichters Badewanne

Die Badewanne eines weltberühmten Genies ist nur selten zu sehen – in Oslo ist das kein Problem. Die 350 Quadratmeter große Wohnung, die Ibsen und Gattin Suzannah 1893 bezogen, ist heute Ibsen-Museum. Unten gibt es eine Ausstellung über sein Werk, einen Stock höher liegen die Privatgemächer, die weitestgehend so eingerichtet sind wie zu Lebzeiten des Dichterfürsten. Weitestgehend.

Henrik Ibsen starb 1906, Suzannah 1914. Sohn Sigurd wollte die Wohnung mit aller Einrichtung der Stadt vermachen, aber die hatte kein Interesse. Die Nachmieter, erst ein Zahnarzt, dann eine Versicherungsgesellschaft, brauchten keine Badewanne. So landete die Wanne irgendwann auf einer Wiese und diente dort den Kühen als Tränke. Zum Glück für die Ibsenforschung war die Bauernfamilie stolz auf ihre exklusive Badewanne, das belegen Fotos, auf denen immer neue Generationen von Kühen ihren Durst aus diesem Prunkstück löschten. Das nun aber gar keins mehr war. Auf den während der Restaurierungsarbeiten gemachten Filmaufnahmen ist sie nicht wiederzuerkennen, ist zerkratzt, zerschunden, zersprungen.

Aber nun steht sie endlich restauriert in Ibsens Badezimmer, weiß emailliert von innen, mit prachtvollem braunen Holzrahmen, auf dem der Dichter Pfeife, Cognac und ein Buch ablegen konnte, ein Wunderwerk moderner Restaurierungstechnik. Man könnte darin baden (allerdings kommt aus den Hähnen bisher noch kein Wasser) und wüsste gern, ob Ibsen das je getan hat. Er war schließlich ganz schön beleibt, was die Frage aufkommen lässt, ob er wirklich in der Lage war, sich in seine schöne Badewanne zu zwängen – besonders breit ist die, trotz aller sonstigen Pracht, nämlich nicht.

Der viel zu enge Gehrock, den Ibsen bei seinem täglichen Spaziergang trug, ist im Nachbarraum ausgestellt, und wer ihn sieht, denkt sofort: Nein, nie im Leben hat Ibsen in seine Wanne gepasst!

Adresse Henrik Ibsens gate 26, 0255 Oslo | ÖPNV U-Bahn bis Nationaltheatret (alle Linien) | Öffnungszeiten Mitte 2022 Neueröffnung, https://ibsenmuseet.no | Tipp In einer der drei Osloer Konditorei-Pascal-Filialen gibt es Kuchen in allen Arten und Farben, die größte Auswahl in der Stadt überhaupt. Berühmtester Gast bisher war US-Präsident Bill Clinton.

39 Die Herregårdskro

Sommerfrische in der Stadt

Im Frognerpark liegt ein traditionsreiches Wirtshaus. Aus Holz gebaut, mit Schnitzwerk an den Balken, sieht es aus wie ein alter Bauernhof oder eine überdimensionale Almhütte. So hieß es auch anfangs: Larssæterstuen (»sæter« bedeutet Almhütte), ein gewisser Lars Ihle betrieb dort einen Weinhandel. Allerdings stand das Haus damals sozusagen um die Ecke, in Majorstuen. 1960 wurde es dann verkauft und in den Park versetzt. Dort wurde es ausgebaut, mit einer großen Terrasse versehen und in Herregårdskroen umgetauft. Hier lag nämlich der alte Gutshof Frogner Hovedgård, an den der neue Name erinnern sollte. Gutshofschenke, das klingt doch appetitlich!

Durch die Lage mitten im Grünen, mit phantastischem Blick zum Holmenkollen hinauf, ist es eine idyllische Oase mitten im geschäftigen Stadtteil Majorstua und im fast ebenso geschäftigen Park. Die Touristenmassen, die die Vigeland-Anlage besuchen, werden von den zwischen Parkeingang und Skulpturensammlung gelegenen Cafés abgefangen, und so wird Herregårdskroen vor allem von Stammgästen aufgesucht. Denen verdankt es seinen alten Spitznamen Clubbsjusetra. Clubb Sju war eine viel besuchte Tränke in der Innenstadt mit Lesungen, Ausstellungen, Livemusik und billigem Essen, weshalb es eigentlich keinen Grund gab, das Lokal zu verlassen. Der Sage nach versuchte es dennoch immer wieder mal jemand, wenn er ein Verlangen nach frischer Luft hegte – die angehenden Sommerfrischler kamen aber nie weiter als bis Herregårdskroen!

Clubb Sju fiel dem Mietenboom in der Innenstadt zum Opfer, aber der Spitzname hält sich bis heute, und manchen Gästen hier traut man durchaus zu, sich seit über 20 Jahren nicht mehr von der Stelle gerührt zu haben – und oft sitzen zwei Tische weiter die Stars aus norwegischen Fernsehserien, die man gerade erst in der aktuellen Folge auf dem Bildschirm bewundert hat.

Adresse Frognerveien 67, 0266 Oslo | **ÖPNV** U-Bahn bis Majorstuen (alle Linien) | **Öffnungszeiten** Mo–Sa 12–21 Uhr, So 13–20 Uhr | **Tipp** Die Lofotstue ist, wie der Name sagt, ein Restaurant, das sich der Küche der Lofoten widmet. Klein (36 Sitzplätze), eingerichtet wie ein lofotisches Fischerhaus, es gibt Bilder von den Lofoten und ganz viel Fisch.

40 Die Hjelmsgate

Wo man mit den Schmuddelkindern spielt

Lange Zeit war dieses rot-grüne Hexenhaus in der Hjelmsgate erste Anlaufstelle für alles, was irgendwie alternativ war. Die windschiefe ehemalige Gerberei sollte schon vor fast 100 Jahren abgerissen werden, warum der amtliche Abrissbeschluss nie ausgeführt wurde, lässt sich heute nicht mehr ermitteln.

Um 1970 ließen sich »Hippies« (so steht es jedenfalls in den amtlichen Berichten) im leer stehenden Gebäude nieder. Eine Druckerei wurde gegründet, ein Buchcafé, ein vegetarisches Restaurant. Das Straßenmagazin Gateavisa (»Straßenzeitung«) hatte hier seine Redaktionsräume. Gateavisa erscheint noch, die Redaktion musste zwischenzeitlich jedoch ins Exil, ins Blitzhaus in Pilestredet. Auch dort wurde sie lange nicht mehr von der Polizei beschlagnahmt – weder aus politischen Gründen noch, weil dort Anleitungen zum Hanfanbau veröffentlicht wurden. Spektakuläre Aktionen gingen von Gateavisa aus – in einer Nacht-und-Nebel-Aktion wurde etwa die Mülltonne des damaligen konservativen Oppositionsführers Kåre Willoch durchsucht: die skandalöse Beute – ein (benutztes) Kondom. Für junge Leute aus der Provinz war es jeden Monat eine Offenbarung, wenn Gateavisa im Briefkasten landete: »Eine monatliche Dosis von antiautoritärem Denken«, so Norwegens Oberbürgerschreck a. D. Stein Lillevolden.

In der Hjelmsgate 3 trafen sich politische Gruppen aller Art: Anarchosyndikalisten ebenso wie die Aktion gegen Wehrpflicht. Jeder Versuch, dieses Schmuddelkindernest endlich räumen zu lassen, scheiterte am erbitterten Widerstand und an landesweiten Solidaritätsaktionen. Im Juni 2014 schlug der Blitz ein, der Abriss erschien der Obrigkeit als einfachste und billigste Lösung. Aber es wurde gesammelt, und das Haus konnte wiederhergestellt werden.

Die Eröffnung war für den Sommer 2020 geplant, aber Corona legte auch hier alle Pläne lahm. Eine Fahrradwerkstatt ist schon ins Haus eingezogen, auch alle anderen Benutzer kehren hoffentlich zurück.

Adresse Hjelmsgate 3, 0355 Oslo | **ÖPNV** U-Bahn bis Majorstua (alle Linien) | **Tipp** Gleich um die Ecke im überaus geschäftigen Bogstadvei liegt The Broker, eine prachtvolle Kneipe im Londoner Stil, mit Spiegeln an den Wänden, imponierenden Kronleuchtern und großer Auswahl an englischen Biersorten. Die Küche ist englisch inspiriert.

41 Der Holbergs plass

Mini-Oslo im Dreieck

Gar nicht weit von Karl Johan (siehe Ort 74), hinter dem alles überragenden Turm des Radisson Hotel, verbirgt sich der dreieckige Holbergs plass, eine Art Mini-Oslo. Der Platz erhielt seinen Namen bereits 1864, die heute noch vorhandenen Häuser aber wurden vor allem im letzten Jahrzehnt des 19. Jahrhunderts errichtet. Die Architekten, die diese Mietshäuser entwarfen, hatten fast alle in Deutschland studiert, und da liebte man damals Türmchen, Erker und Balkons – es sieht einfach wunderschön aus, ein bisschen wie auf alten Fotos!

Um den Platz herum finden wir so ungefähr alles, was man sich in einer Innenstadt wünschen kann: Geschäfte, Cafés, einen teuren Spanier, einen lustigen Italiener, im Imbiss der Kette 7-Eleven einen perfekten Beobachtungsplatz. In seinem Roman »Echo eines Freundes« schildert Ingvar Ambjørnsens Romanfigur Elling seinen Lieblingsort so: »Auch hier kann man vor einem Brett am Fenster stehen und ins Getümmel hinausblicken. Während man in Ruhe und Frieden eine Wurst verzehrt und an einem Mineralwasser nippt. Sich auf die Ellbogen lehnt oder mit dem Rücken an die Wand, den Unterleib ein bisschen frech hervorgeschoben. Als die Wurst verzehrt ist, ziehe ich das Notizbuch aus der Jackentasche und mache mir Notizen.«

Am Holbergs plass gibt es außerdem einen Sachbuchladen der Kette Akademika und einen Eingang zur Oslo Met. Dahinter versteckt sich weder eine U-Bahn-Station noch eine Oper, sondern die andere Osloer Universität, 2014 hervorgegangen aus dem Zusammenschluss mehrerer Hochschulen. Viel kritisiert wurde die Namensgebung, eine norwegische Universität solle doch einen norwegischen Namen bekommen, hieß es, oder wenigstens einen, aus dem hervorgeht, dass es sich um eine Universität handelt.

Vor dem Buchladen gibt es einen Stolperstein für den 1943 in Auschwitz ermordeten Simon Davidsen.

Adresse Holbergs plass, 0166 Oslo | ÖPNV Straßenbahnlinien 30, 31, 32, 33, 80 E, 160, 250 E, 265 E bis Holbergs plass | Tipp Die Bar im Scandic Hotel am Holbergs plass 1. Das Hotel ist auch wunderbar, ein bisschen schäbig, heruntergekommen, gemütlich, voller Winkel und Ecken. Die Bar ist manchmal bedient und dann sicher das einzige Lokal in Oslo, wo dem Gast die Kaffeetasse ohne Untertasse vor die Nase gesetzt wird.

42 Hølen am Oslofjord

Im Schmugglerparadies

»Schmugglerparadies« klingt aufregend, aber Vorsicht, die kleine Stadt Hølen am Ostufer des Oslofjords trägt diesen edlen Beinamen nur aus historischen Gründen. Hier kamen zwei Umstände zusammen, die nichts miteinander zu tun hatten, die dem Ort aber bis heute ihren Stempel aufdrücken sollten.

Einerseits die sogenannte Jobberzeit in Norwegen: Zu Beginn der 1920er Jahre spielte dort die Börse verrückt, mit kaltblütigen Investitionen ließen sich über Nacht Vermögen machen. Andererseits die norwegische Prohibition, auch mit Alkoholschmuggel war gutes Geld zu verdienen. Hølen war damals die kleinste Stadt Norwegens, und die Stadtväter waren offenbar verwegen wie die Börsenjobber. Vor der Prohibition gab es dort an jeder Ecke einen Alkoholverkauf, was so viel Geld einbrachte, dass die Steuern auf 0,5 Prozent gesenkt wurden. Und wer in Hølen seinen Wohnsitz hatte, kam in den Genuss dieses geringen Steuersatzes. Ein gemietetes Zimmer, in dem man einen Koffer stehen hatte, reichte als Wohnsitz vollkommen aus. Kein Wunder, dass windige, aber auch seriöse Geschäftsleute aus der Hauptstadt Kristiania sich in Hølen Zimmer und Koffer mieteten. Auch nach Einführung der Prohibition blieben die Mieter mit ihren Koffern, denn nun boten sich ganz neue Möglichkeiten zum Geldscheffeln. Es wurde geschmuggelt, was das Zeug hielt.

Schmuggler und Börsenjobber wollten aber irgendwann mehr als nur ein Zimmer mit Koffer und zeigten auch dabei ihren Wagemut. Es entstanden Häuser in einer Mischung aus so ungefähr allen Baustilen, die um 1920 in Mode waren, dazu in etlichen anderen. Diese Häuser sind noch vorhanden, ein Gang durch Hølen birgt in dieser Hinsicht eine Menge Überraschungen.

Hølens Karriere als Steuerparadies endete sang- und klanglos 1943, seither müssen die Bewohner denselben Steuersatz zahlen wie alle anderen Norweger auch.

Adresse 1554 Hølen | **ÖPNV** Bahnverbindung L21 bis Vestby, von dort Bus 545 bis Hølen torg | **Tipp** Gleich an der Küste an der Mündung des Såna liegt Son mit seinen vielen romantischen Holzhäusern und Gaststätten, die nach einer Wanderung am Fluss entlang zum Verweilen einladen.

43 Hovedøya

Reif für die Insel?

Hovedøya, die wohl beliebteste Insel im Oslofjord, hatte schon allerlei erlebt, ehe sie zum Touristenmagnet wurde. Klosterinsel, militärischer Vorposten von Akershus, Quarantänestation – alle, die per Schiff nach Oslo wollten und an deren Gesundheit es Zweifel gab, wurden bis 1931 hier einquartiert. Die Wehrmacht nutzte die Insel als Stützpunkt und baute Luftschutztunnel. Diese Anlage wird derzeit renoviert, man kann darin schon Kanutouren unternehmen, aber Vorsicht: klaustrophobische Enge! 1945 gab es hier ein Lager für Norwegerinnen, die sich mit deutschen Soldaten eingelassen hatten. Außerdem war die Insel ein ganz normales Wohngebiet, bis sie 1952 von der Stadt Oslo erworben und in ein Naherholungsgebiet und beliebtes Ausflugsziel umgewandelt wurde.

Die Überfahrt von Aker Brygge dauert nur fünf Minuten, und schon steht man mitten in der üppig grünen Natur. Es gibt seltene Pflanzen, die so schöne Namen haben wie Nordischer Drachenkopf, Kleiner Mäuseschwanz und Oslo-Steinbrech (der wächst wirklich nur am Oslofjord). Und auch die Tierwelt kommt nicht zu kurz – eine besondere Attraktion von Hovedøya sind die Füchse. Sie sind so daran gewöhnt, von den Inselgästen mit Eis und Keksen gefüttert zu werden, dass sie sich auf Armlänge nähern und dann flehentlich und hungrig kucken, bis sie einen Leckerbissen bekommen. Einige Besucher berichten empört von Füchsen, die ihnen die Grillwürstchen entrissen hätten. Was nur richtig ist, denn Grillen ist auf der Insel verboten! Kein Wunder, dass die staatliche Naturverwaltung die Füchse hegt und pflegt – die offizielle Begründung ist allerdings, dass sie den Vogelbestand regulieren. Außer Grillen ist auch Zelten verboten, aber es gilt als Sport, dann eben unter freiem Himmel zu übernachten.

Es gibt wunderschöne Badestrände, ein Café mit Weinausschank und eine Kunstgalerie.

Adresse Hovedøya, 0150 Oslo | ÖPNV Fähre 92 von Aker Brygge | Tipp Gang Galleriet: Das ehemalige Lafettenhaus aus der Zeit, als die Insel militärisch befestigt war, dient heute als Kunstgalerie. Hier stellen zeitgenössische norwegische Künstlerinnen und Künstler ihre Werke aus. Die Galerie liegt gleich am Fähranleger.

44 Die Insel Nakkholmen

Am Busen der Natur

Inselspringen im Oslofjord ist ein beliebtes Hobby für Reisende und Einheimische, aber Vorsicht! Auf vielen kleinen Inseln stehen nur ein paar Ferienhäuser, es gibt nicht mal einen Kiosk, und die Hausbewohner, zumal die mit den protzigen Ferienpalästen, sind nicht unbedingt begeistert von unangemeldetem Besuch. Wenn Sie aber die Inseln aufsuchen, die von den Hafenfähren angesteuert werden, kann nichts passieren! Eine kleine Naturperle ist Nakkholmen (oder Nakholmen, beide Schreibweisen sind amtlich zugelassen).

Nakkholmen misst 14,5 Hektar, auf denen 182 kleine Häuser stehen, Größe, Farbe und Außengestaltung sind streng vorgeschrieben. Die ältesten Hütten sind an die 100 Jahre alt, und man fühlt sich sofort wie in einer Ferienkolonie der 1920er Jahre. Die kleine Felseninsel liegt strategisch wichtig, sodass sich in Kriegszeiten immer wieder der Feind dort verschanzte, um im Schutz der Felsen auf die gegenüberliegende Festung Akershus zu feuern – zuletzt 1716, als, wie so oft in Oslos Geschichte, die Schweden angriffen. In den Napoleonischen Kriegen wurde auf dem höchsten Punkt der Insel ein »Klappentelegraf« errichtet. Über eine Kette von solchen optischen Telegrafen wurde die Hauptstadt für damalige Zeiten rekordschnell über die Geschehnisse an der Südküste informiert. Enttäuschend für alle, die nach Zeugnissen der Vergangenheit suchen: Die schwedischen Soldatengräber sind nicht erhalten, und vom Klappentelegrafen zeugt nur noch der ungewöhnliche Straßenname »Signalen«.

Aber die Natur gleicht alles aus. Für Geologen ist Nakkholmen ein kleines Paradies, hier gibt es Gesteinsarten, die sonst in der Gegend nicht mehr anzutreffen sind, seltene Wald- und Wiesenblumen können bewundert werden, und natürlich fliegen Seevögel aller Arten in nächster Nähe vorbei, also: Fernglas und, wichtig für Fotofans, eine leistungsstarke Kamera nicht vergessen!

Adresse Nakkholmen, 0150 Oslo | **ÖPNV** Fähre 92 von Vippetangen | **Tipp** Nakholmen Handel, der Inselladen, wo man auch Kaffee trinken kann, dient als Nachrichtenbörse für Einheimische und Reisende. An den Wanderwegen auf der Insel gibt es Trinkwasserspender, die aber nicht ausgeschildert sind und leicht übersehen werden können.

45 Isdammen

Oslos letzter Eissee

Im Stadtteil Årvoll liegt Isdammen, ein künstlich geschaffener See, aus dem einst für feine Osloer Restaurants, Krankenhäuser, Fischgeschäfte und wohlhabende Haushalte Eis geholt wurde. Er wurde als Ersatz für einen etwas weiter unten am Hang gelegenen, älteren See zu Beginn des 20. Jahrhunderts angelegt und war bis 1967 in Betrieb. Jeden Herbst wurde er sorgfältig gesäubert, um möglichst reines, klares Eis zu erhalten. Auch von Schnee wurde er regelmäßig befreit, damit nichts Unerwünschtes in neue Eisschichten sickern könnte. Im Frühjahr wurden dann große Eisplatten herausgeschnitten und in die Stadt geschafft. Was nicht sofort verkauft werden konnte, wurde im sogenannten Eishaus aufbewahrt. Das ist ein Steinbau mit dicken Wänden, wo das Eis so kühl wie nur möglich unter gewaltigen Schichten aus Sägemehl aufbewahrt wurde.

Das Eishaus ist in der Osloer Geschichte berühmt – es gilt als erstes besetztes Haus der Stadt. Die Besetzung fand im Jahre 1900 statt. Bau- und Straßenarbeiter, die keine Unterkunft fanden, ließen sich dort nieder. Unter den Besetzern waren auch Steinhauer, die für die große Vigeland-Anlage im Frognerpark (siehe Ort 102) verpflichtet worden waren. Das Eishaus steht noch, es kann für Veranstaltungen und Familienfeste gemietet werden.

Eine umwerfende Sehenswürdigkeit ist der Eissee nicht, wenn man von seiner Geschichte absieht, aber er liegt in einem der schönsten innerstädtischen Naturschutzgebiete Oslos. Der See ist als Badegelegenheit beliebt. In der Umgebung gibt es Spazierwege durch abwechslungsreiche Landschaft, wenn man Glück hat, hört man sogar die Auerhähne, denen die Gegend ihren Namen verdankt. Es gibt Joggingpfade, Fahrradrouten und ein großes Gelände, auf dem Hunde freien Auslauf haben. Und obwohl gerade Letzteres in Oslo die große Seltenheit ist, ist immer genug Platz, weder Hunde noch Herrchen und Frauchen treten einander auf die Füße.

Adresse Årvollveien 35, 0590 Oslo | ÖPNV Bus 31 bis Årvollveien | Tipp An der Kreuzung von Årvollvei und Østreheimsvei gibt es ein Denkmal für Viggo Hansteen und Rolf Wickstrøm. Sie waren die ersten norwegischen Widerständler, die die deutschen Besatzer zum Tode verurteilten. Sie wurden hier an dieser Stelle am 10. September 1941 erschossen.

46 Die Jacob Aalls Gate

Die meistgenannte Straße in Oslo

In gefühlt 85 Prozent aller norwegischen Romane kommt die Jacob Aalls gate vor – aber nie als Hauptschauplatz. Ein Zeuge hat gesehen, wie der Mörder durch die Jacob Aalls gate schritt, ein treuloser Liebhaber wohnt dort, der Kommissar findet den dringend gesuchten Parkplatz, um eine Straße weiter einem Übeltäter das Handwerk zu legen. In dem grandiosen und gemeinerweise bisher nicht ins Deutsche übersetzten Krimi »Hillman Hunter« von Bjørnar Pedersen und Egil Birkeland lesen wir zu unserem Entsetzen: »Das größte Problem in der Jacob Aalls gate ist, dass man dort nirgendwo anständigen Käsekuchen bekommt.« Was insofern stimmt, als es dort zwar allerlei Lokale und Läden gibt, aber keine Bäckerei – daran herrscht in den Seitenstraßen jedoch kein Mangel. Die Käsekuchenproblematik sollte also niemanden von einem Besuch dieser Straße abhalten.

Jacob Aall (1773–1844), dem sie ihren Namen verdankt, ist im Osloer Kollektivgedächtnis nicht mehr vertreten, er war Angehöriger der Versammlung, die 1814 die noch heute gültige norwegische Verfassung erarbeitete. »Seine« Straße wurde ein halbes Jahrhundert nach seinem Tod angelegt. Sie führt vom Amaldus Nielsens plass durch Majorstua bis nach St. Hanshaugen, immer parallel zur Hauptverkehrsader Kirkevei. Wir finden dort einen Querschnitt durch die Architektur der Zeit um 1900: alles von prachtvollen Gründerzeitbauten mit Erkern und Säulen am Eingang bis hin zu typischen Mietskasernen.

Nummer 19 ist ein Prachtstück des sogenannten Neobarocks, es gibt aber auch schlichte Gebäude im Bauhausstil der 1920er Jahre. Besonders schön und typisch sind gerade an den Gründerzeithäusern die Türen – ein beliebtes Poster, das in Touristenläden angeboten wird, »Doors of Oslo«, zeigt fast nur Türen aus der Jacob Aalls gate. Und vor der Nummer 58 steht eine zum Buchtauschschrank umgewandelte Telefonzelle!

Adresse Jacob Aalls gate, 0364 und 0368 Oslo | ÖPNV U-Bahn bis Majorstua (alle Linien) | Tipp Das Café Mistral, Majorstuveien 41A, ist ein gemütliches Café und Speiselokal. Ein großes Porträt des französischen Dichters Frédéric Mistral zeigt die Richtung an, hier mischen sich norwegische und provençalische Küche.

47 Jessheim

Der norwegische Überflieger

Jessheim, auch so eine unbekannte Größe, die einen zweiten Blick lohnt. Der nordöstlich von Oslo gelegene Ort gehört zu den am raschest wachsenden Städten in Norwegen. Gründe sind die Lage in der Natur, die Nähe zu Oslo und dem Flughafen Gardermoen, ein stetig wachsendes kulturelles Angebot, gute Einkaufsmöglichkeiten. Aus Jessheim stammt der auch in Deutschland viel gelesene Krimiautor Thomas Enger, in seinem Roman »Wer heute lügt, ist morgen tot« zeichnet er ein anschauliches Bild vom Leben in der wachsenden Kleinstadt mit ihrer weiterhin vor allem bäuerlichen Umgebung. In Engers Roman spielt Musik eine große Rolle, denn zwei der hiesigen Schulen haben einen Musikzweig. Es gibt ein Kulturhaus, in dem Theater- und Filmvorführungen stattfinden, und der Jazz- und Bluesclub lockt mit bekannten Namen aus aller Welt.

Die größte Attraktion von Jessheim liegt außerhalb des Ortskerns, ist zu Fuß allerdings mühelos zu erreichen: Raknehaugen, Nordeuropas größter Grabhügel. Die unterirdische Grabanlage hat einen Durchmesser von 95 Metern, der des Hügels beträgt 75 Meter. Raknehaugen ist eines der bedeutendsten archäologischen Denkmäler aus der Völkerwanderungszeit. Ausgrabungsarbeiten legten in dem 19 Meter hohen Hügel eine Grundschicht aus Kies frei, auf der aus über 25.000 Baumstämmen ein Sockel konstruiert wurde. Auf diesem Sockel wurde die Leiche einer mächtigen Person bestattet. Von der sind allerdings keine Spuren mehr vorhanden, und niemand weiß, wer hier beigesetzt wurde und warum das Grab bis auf einige Feuerstellen und vergessenes hölzernes Werkzeug so leer ist. Der Sage nach ruhte hier ein gewisser König Rakne, über den sonst nichts berichtet wird, außer dass er zwischen zwei weißen Rössern beigesetzt wurde.

Raknehaugen kann nur von außen besichtigt werden, bietet aber auch dann einen unvergesslichen Anblick.

Adresse 2050 Jessheim | ÖPNV Eisenbahnlinie L13 bis Jessheim | Tipp Ungefähr einen Kilometer vom Jessheimer Ortskern (gut ausgeschilderter Wanderweg) liegt der kleine See Nordbytjernet, der hervorragend geeignet ist als Ausgangspunkt für Skiwanderungen. Aber Nordbytjernet ist selbst eine Sehenswürdigkeit. Es handelt sich um einen Toteissee, der gegen Ende der Eiszeit vom abschmelzenden Gletscherwasser gebildet wurde.

48 Die Kaffebrenneriet

Kaffeegenuss wie an der Westcoast

Wer gern Filterkaffee nach altem Stil trinken möchte, geht in Oslo zu Baker Samson (siehe Ort 6) – aber was tun die, die es gern ein bisschen hipper hätten? Auch denen kann geholfen werden, und eine Empfehlung, die wir in Oslo immer wieder hören, ist: Kaffebrenneriet.

Kaffebrenneriet, das heißt: »die Kaffeebrennerei«. Es gibt eine verblüffende Auswahl an Kaffeesorten, und die Betreiber legen Wert darauf, dass die meisten aus fairem Handel stammen. Alle Sorten kann man auch käuflich erwerben und zu Hause noch mal in Ruhe genießen. In den Filialen von Kaffebrenneriet ist es nämlich meistens brechend voll. Die Stammgäste stört das aber nicht, und wer lange genug in eine Filiale geht, bekommt wie selbstverständlich den Stammplatz frei gehalten.

In der Filiale im Hegdehaugsvei sitzt zum Beispiel der Krimiautor Jo Nesbø, hat nur Augen für seinen Laptop und schreibt an seinem neuen Bestseller – und niemand würde wagen, ihn mit Autogrammwünschen aus der Konzentration zu reißen. Nicht jede Filiale kann mit solchen lebenden Attraktionen aufwarten, aber für Kaffeegenuss ist überall gesorgt.

Kaffebrenneriet gibt es seit 1994, die beiden Gründer ließen sich von den Kaffeebars von San Francisco inspirieren. Ihre erste Filiale in der Thereses gate existiert noch immer – hat aber im Laufe der Jahre eine Menge Geschwister bekommen, seit 1999 neue Geldgeber ins Unternehmen einstiegen. Überall sind die Einflüsse der Westküste deutlich, Pecan Pie, Cookies mit Nüssen, Bananenbrot, überhaupt Nüsse und Obst. Aber es gibt auch einen New Yorker Cheesecake, der im Vergleich geradezu ungesund aussieht und teuflisch gut schmeckt, dazu ein Milchshake … Doch, völlig klar, wieso die Stammgäste kaum je das Lokal zu verlassen scheinen – aber keine Angst, irgendwann wird doch ein winziger Tisch frei, und schon geht es los mit der Kaffeeschlemmerei!

Adresse Kaffebrenneriet, Thereses gate 35B, 0354 Oslo | **ÖPNV** Straßenbahnlinie 11 bis Rosenborg | **Öffnungszeiten** Mo–Fr 7–18 Uhr, Sa 10–17 Uhr | **Tipp** Wenn auch nach langem Warten kein Platz frei wird, einfach mit einem Kaffee oder einem Kakao in der Hand durch die Nachbarschaft spazieren. Das nämlich zeichnet Kaffebrenneriet ebenfalls aus: Alle Becher, alles Verpackungsmaterial, sogar die Servietten sind zu 100 Prozent biologisch abbaubar.

49 Die Kikutstua

Luginsland auf norwegische Art

Die Kiek-ut-Stube (wenn man es ins Norddeutsche übersetzt) liegt im Osloer Naherholungsgebiet Nordmarka am Nordufer des Bjørnsees in einer Höhe von 344 Metern über dem Meer. Sie gehört dem Norwegischen Skiverein, aber man braucht nicht Mitglied zu sein, um dort übernachten zu dürfen. Schließlich kann man nicht einfach mit dem Auto vorfahren, sondern muss schon eine Wanderung auf sich nehmen, im Sommer zu Fuß oder mit dem Rad, im Winter eben auf Skiern.

Ursprünglich war das Hauptgebäude wirklich ein Gutshaus, es wurde aber vor 100 Jahren erweitert und steht seit 1926 müden Wandersleuten zur Erholung offen. Es gibt 40 Zimmer, man kann sogar Vollpension buchen. Sehr beliebt ist es, vor allem im Winter, mit einer Gruppe von Freunden freitags nach der Arbeit loszuwandern – die Strecke halbiert sich, wenn man nicht vom Büro in Oslo aus losgeht, sondern mit der Bahn bis Frognerseteren oder mit dem Bus bis Sørkedalen fährt. In Kikutstua angekommen, bezieht man dann die vorbestellten Zimmer (unbedingt erforderlich!), duscht sich den Wanderschweiß vom Leib und genießt ein Abendessen mit drei Gängen und danach einen guten Wein vor dem Kamin. Wer es spartanischer haben möchte, dem stehen im Foyer des Hauptgebäudes Automaten für Heiß- und Erfrischungsgetränke, kleine Snacks und Erdnüsse zur Verfügung!

Wenn man länger bleiben und Kikutstua als Basis für Tageswanderungen durch Nordmarka nutzen möchte, ist auch das kein Problem – eventuelles Gepäck wird dann an der Bushaltestelle in Sørkedalen abgeholt. Fahrräder und Kanus werden vermietet, nur die Skier muss man selbst mitbringen. Und wenn man fürchtet, den Weg bis Kikutstua nicht ohne eine Stärkung ab und zu schaffen zu können – selbst da wissen die freundlichen Betreiber Rat: Gern sind sie bereit, wenn sie das Gepäck holen, in regelmäßigen Abständen am Straßenrand einen kleinen Imbiss zu deponieren!

Adresse Kikutstua, Nordmarka, 0890 Oslo | ÖPNV U-Bahn-Linie 1 bis Frognerseteren, Bus 32 bis Sørkedalen | Öffnungszeiten ganzjährig geöffnet, die Rezeption ist rund um die Uhr besetzt | Tipp Wenn Sie lieber nicht so weit laufen mögen und trotzdem das richtige Kikut-Gefühl möchten, dann bleiben Sie einfach bei der Haltestelle Frognerseteren und besuchen das gleichnamige Restaurant. Ein imponierendes Holzgebäude, so eingerichtet, wie wir uns einen Wikingersitz vorstellen, wunderbarer Blick auf Oslo und den Fjord, typisch norwegische Küche.

50 Kirkeristen

Dom und Basar – ein Stück altes Oslo

Kirkeristen, also »Kirchgitter«, so nennen alle in Oslo die Einkaufsarkaden, die sich im Halbkreis hinter (oder vor, je nachdem) dem Osloer Dom entlangziehen. Der offizielle Name ist Dombasarene, und tatsächlich sehen sie so aus, wie sich um 1840 die guten Bürger von Christiania einen orientalischen Basar vorstellten. Der Name Kirkeristen ist viel älter.

Der Dom war ursprünglich auf einer Seite von Schlachterbuden umgeben. Es gab Durchgänge zum Kirchvorplatz, und damit kein Rind ins Gotteshaus lief, wurden Viehroste in den Boden eingelassen. Die sind längst nicht mehr vorhanden, aber der Name ist geblieben. Die Schlachterbuden rochen natürlich auch nicht gut, im zimperlichen Biedermeier mussten sie also verschwinden, und die heute noch vorhandenen »Basarhallen« wurden errichtet.

Um 1930 sollte dort ein Park entstehen, aber wieder konnten die Hallen gerettet werden, nur zogen die meisten Geschäfte aus, weil ihnen das alles zu unsicher war. 1949 wurden die Basare unter Denkmalschutz gestellt und nach und nach renoviert. So haben sie heute ihre ursprüngliche Gestalt, und es gibt eine Menge zu sehen.

Im August wird ein mehrtägiger Kunstgewerbemarkt abgehalten. Es gibt ein wunderschönes Parkcafé auf der Seite zum Dom, Lebensmittelläden, Boutiquen, ständig wechselnde Pop-up-Läden und einen berühmten Nussladen. Der wurde um 1855 von der energischen Anne Heftye gegründet, zusammen mit ihrem Mann Johan, den sie jedoch 1870 entmündigen ließ, weil er alle Einkünfte aus dem Laden versoffen hatte. Dadurch wurde sie schlagartig berühmt und vom König im Schloss empfangen. Dem Laden kam das zugute. »Mor Heftye«, wie sie genannt wurde, ist in Oslo noch heute eine legendäre Gestalt. Der Laden ist weiterhin im Familienbesitz, und bei einem Besuch in Kirkeristen muss man dort einfach eine Tüte Nüsse kaufen!

Adresse Basarhallene, Dronningens gate 21, 0154 Oslo | ÖPNV Straßenbahnen 12, 19 bis Dronningens gate | Öffnungszeiten Läden: Mo–Fr 8–17 Uhr, Sa 10–16 Uhr | Tipp Eine neue und wirklich ergreifende Sehenswürdigkeit gibt es seit 2019 auf dem Domvorplatz: 1.100 Eisenrosen, zum Gedenken an die Opfer der Terroranschläge, die der Neonazi Anders Behring Breivik am 22. Juli 2011 in der Osloer Innenstadt und auf der Insel Uttøya im Oslofjord ausführte. Damals wurden Tausende Rosen zum Gedenken der Toten vor dem Dom abgelegt, weshalb der Vorplatz als idealer Ort für diese Gedenkstätte erschien.

51 Die Kobberhaugshytte

Kein Kupferabbau, nirgends

Die Kupferhügelhütte – Kobberhaugshytta – ist keine Zeugin der frühen Osloer Industriekultur, auch wenn der Name das anzudeuten scheint. Die Bedeutung ist viel romantischer: In der tief stehenden Abendsonne glüht der Hügel oft kupferrot. Es gibt allerdings Leute, die Pech haben und bei deren Besuch sich die Sonne nachmittags ganz schnell verkriecht und einen neblig grauen Hügel hinterlässt.

Ein Anblick, der die müden Wanderer bestimmt erfreut, und damit der ideale Ort für eine Unterkunft ist die Hütte dennoch. Sie wurde 1931 von Mitgliedern des Osloer Turnvereins Oslo Turn errichtet, was man heute noch sieht: Das riesige Kaminzimmer ist nicht etwa so groß, damit sich möglichst viele Vereinsmitglieder am abendlichen Feuer wärmen konnten, nein, es sollte genug Platz für die Abendgymnastik vorhanden sein. Gymnastische Übungen werden den Gästen heute nicht mehr abverlangt. Geschlafen wird in Vier- oder Sechs-Bett-Zimmern, Vorbestellung ist unbedingt vonnöten. Auf einen Imbiss kann man allerdings jederzeit vorbeischauen; in einem Nebengebäude gibt es einen rund um die Uhr geöffneten Aufenthaltsraum, in dem Getränke und belegte Brote zu haben sind – das Geld dafür wird einfach in die Kasse gelegt, und alle verlassen sich darauf, dass niemand betrügt. Übernachtungsgäste können sich über ein Abendessen mit drei Gängen freuen, und Kobberhaugshytta darf Bier, Wein und Schnaps ausschenken (die Turner von 1931 würden vor Entsetzen einen doppelten Salto schlagen!). Danach geht es in die Sauna – und am nächsten Morgen lockt, jedenfalls im Sommer, ein Bad im Kobberhaugstjern, einem in der Nähe gelegenen Waldsee.

Kobberhaugshytta wird von DNT betrieben, Den Norske Turistforening, eigentlich ein Wanderverein. Auch Nichtmitglieder sind willkommen, Mitglieder bekommen allerdings Rabatt, und wenn man häufiger in Norwegen wandern will, lohnt sich die Mitgliedschaft auf jeden Fall.

Adresse Sakariasveien 345, 0758 Oslo | **ÖPNV** U-Bahn-Linie 1 bis Frognerseteren, Bus 32 bis Sørkedalen | **Öffnungszeiten** ganzjährig geöffnet, die Rezeption ist rund um die Uhr besetzt | **Tipp** Eine Wanderung durch tiefen Wald (mit Lichtungen, die schöne Ausblicke und oft auch Begegnungen mit interessierten Waldtieren ermöglichen) führt zu einem Flugzeugwrack. Am 2. Juli 1943 kollidierte eine deutsche Dornier DO-17 hier mit einer Felswand, die drei Insassen waren sofort tot. Die Wrackteile lagen jahrzehntelang vergessen im Wald herum, heute gilt die Absturzstelle als Sehenswürdigkeit und beliebtes Wanderziel.

52 Kongsvinger

Treffpunkt von Finnland und Norwegen

Schon ziemlich am Rand des Osloer Einzugsgebietes liegt Kongsvinger, eine alte Festungsstadt, die unbedingt einen Besuch wert ist. Kongsvinger ist sozusagen die Hauptstadt des dünn besiedelten Waldgebietes Finnskogen. Finnskogen, das bedeutet »Finnenwald«, und dort siedelten sich ab dem 16. Jahrhundert finnische Auswanderer an – Finnland war ihnen zu ungastlich. Die Norweger wiederum fanden Finnskogen zu wild und unwohnlich, weshalb die Gegend schließlich nach den finnischen Siedlern benannt wurde. Die finnische Tradition zeigt sich bis heute in der ausgeprägten Saunakultur, auf dem Speisezettel und in den Namen.

Als zentraler Ort der Umgebung bietet Kongsvinger natürlich Einkaufsmöglichkeiten, Museen und Unterhaltung: Kino, Konzerte und vor allem Audiogastro, ein in Norwegen einmaliger Laden für CDs und LPs – mit dazugehöriger Kneipe. Das riesige Waldgebiet in der Umgebung mit uralten archäologischen Stätten und geheimnisvollen Orten, wo allerlei Spukgestalten ihr Unwesen treiben, lädt ebenfalls zu Entdeckungstouren ein. Dazu gibt es die Festung, die seit dem ausgehenden Mittelalter Norwegen vor Angriffen vonseiten der schwedischen Nachbarn beschützen soll. Zuletzt floss hier 1814 Blut, als Schweden und Norwegen-Dänemark in den Napoleonischen Kriegen auf gegnerischen Seiten standen.

Gegen Ende des 19. Jahrhunderts galt die Festungsanlage als hoffnungslos veraltet. Sie abzureißen wäre aber zu teuer gewesen, weshalb umfassende Modernisierungsarbeiten stattfanden, und man weiß ja auch nie, was die Schweden so aushecken … 2009 allerdings war endgültig Schluss mit der militärischen Nutzung. Die Festung wurde der »Abteilung für Kultur und Tradition der norwegischen Armee« übertragen und ist heute ein riesiges und imponierendes Museum für die Geschichte der Region. Im Sommer wird das Gelände außerdem für Konzerte und Theateraufführungen genutzt.

Adresse Kongsvinger Festning, O. A. Hexums veg 17, 2213 Kongsvinger | **ÖPNV** Bahnlinie L14 bis Kongsvinger | **Öffnungszeiten** Festungsgelände immer geöffnet, Zeiten von Einzelausstellungen und Veranstaltungen variieren, Informationen auf www.forsvarsbygg.no/no/festningene/finn-din-festning/kongsvinger-festning | **Tipp** In Oppistun, einer finnischen Rodung aus dem frühen 18. Jahrhundert, wuchs Hans Børli (1918–1989) auf, der nicht wenigen Norwegern, auch außerhalb von Finnskogen, als einer der größten norwegischen Dichter des 20. Jahrhunderts gilt. Das alte Wohnhaus aus der Finnenzeit brannte allerdings 1969 ab, nur die hölzerne Küchentreppe (»mein Alter«, wie der Poet sie nannte) ist noch erhalten.

53 Die Krohg-Statuen

Geliebter Bürgerschreck

Er könnte das Gegenstück zu Karl Johan und damit der zweite Treffpunkt auf Oslos Prachtstraße sein. Doch Christian Krohg sitzt zwar wuchtig auf seinem Sockel, aber dieser Sockel hat keine Stufen, funktioniert also nicht als Sitzgelegenheit beim Warten. Zudem – in den Sommermonaten ist so viel Gewusel um den armen Krohg, man würde die ersehnte Person einfach nicht finden. Wer nicht weiß, dass es sich hier um einen von Norwegens bedeutendsten Malern und einen berüchtigten Bürgerschreck handelt, würde den beleibten älteren Herrn wohl eher für einen zufriedenen Parlamentspräsidenten halten, denn sein Denkmal steht dem Storting gegenüber. Aber weit gefehlt: Christian Krohg (1852–1925) wurde im Storting oft gescholten, sein Buch »Albertine«, das die Doppelmoral der feinen Herren seiner Zeit bloßstellte, wurde auf Parlamentsbeschluss verboten. Dass seine Stadt ihm ein liebendes Gedenken bewahrt, zeigt sich daran, dass ihm im Winter immer dicke Schals um den Hals gelegt werden.

Das Krohg-Denkmal steht auf dem Stortings plass, unter dem sich eine der wenigen öffentlichen Toiletten in der Osloer Innenstadt befindet, was dem Platz im Volksmund den Namen Dasslokket (Klodeckel) eingetragen hat. Der Name wurde auf das Straßencafé übertragen, das den Platz in den Sommermonaten zu einem ungeheuer beliebten Ausflugsziel macht. Die Betreiber versuchen seit Jahren, von dem unappetitlichen Spitznamen wegzukommen, allein, es hilft nichts. Egal, wen Sie in Oslo nach »Dasslokket« fragen, den Weg dorthin können Ihnen alle sofort erklären.

Praktisch am anderen Ende der Innenstadt, gleich am Beginn der Halfdan Svartes gate, steht eine Rohkopie des Denkmals. Die stattliche Gestalt und die Haltung Krohgs sind unverkennbar, die Skulptur hat jedoch kein Gesicht. Hier, in einem nicht mehr vorhandenen Haus, hat Krohg die letzten Jahrzehnte seines Lebens verbracht.

Adresse Karl Johans gate 27, 0159 Oslo, im Sommer empfiehlt sich ein Bier in Dasslokket | ÖPNV U-Bahn bis Stortinget (alle Linien) | Öffnungszeiten April–Sept. 11–23 Uhr, bei besonders schönem Wetter auch mal bis 3 Uhr | Tipp Tostrupgården, das imposante Haus an der oberen Seite des Platzes: Eine verrammelte Tür zeigt den Eingang zum legendären Lokal Tostrupkjelleren, einst Treffpunkt der Presseleute und der Parlamentarier, 2013 geschlossen. Eine kleine Erinnerungsstätte ist geplant.

54 Kuba

Idylle am Akerselv

Kuba liegt in Oslo, das muss auch mal gesagt werden. Seit 1928 existiert dieser Park auf beiden Seiten des Akerselv im Stadtteil Grünerløkka. Für die Herkunft des Namens gibt es viele Erklärungen. Eine ist, dass dort bis 1923 ein riesiger Gastank stand, der aussah wie ein großer Kubus, woraus kurzerhand »der Würfel«, »kuba«, wurde. Eine andere Geschichte geht noch weiter zurück: Als Anfang des 19. Jahrhunderts Grünerløkka boomte und die Häuser wie Pilze aus dem Boden schossen, nannte man den Stadtteil auch scherzhaft norwegisiert »Ny York«. Und weil Amerika auch damals schon ein beliebtes Vorbild war, wurde das Stück Land westlich des Wassers kurzerhand »Kuba« getauft.

Familien, deren Vorfahren im 19. Jahrhundert zur See gefahren sind, schwören, dass Kuba seinen Namen ihren Urgroßvätern zu verdanken habe, die nach einer Reise nach Kuba versuchten, an den Ufern des Flusses Zuckerrohr anzubauen. Womöglich ist es aber auch ganz anders und viel einfacher? Im 18. Jahrhundert lag in der Gegend das Gasthaus »Kudske Bakken« (»Kutscherhof«). Ist Kuba nichts weiter als der verkürzte Name einer längst vergessenen Kneipe?

Man wird es vermutlich nie erfahren – und so ranken sich mehr Mythen um den Namen als Lianen um die Bäume an Kubas Ufer. Das sind keine Palmen, sondern Ulmen, das Wasser ist nicht türkis, und dennoch eröffnet sich ein städtisches Paradies. An einem jener Frühlingstage im Mai, wenn die Sonne schon wärmt, das Gras schon trocken und die Luft noch frisch ist, zieht es die Leute in Scharen hierher, zum Grillen oder Chillen.

Am 17. Mai, Norwegens Nationalfeiertag, finden sich hier Menschen aller Nationen zusammen und feiern. Bands spielen Musik aus aller Herren Länder, und mancher Norweger hat sich dort (vermutlich nach ein paar Bier) zum ersten Mal im Leben am Bauchtanz versucht. Das ist Oslos Kuba: ein Ort der Begegnung.

Adresse Kuba im Stadtteil Grünerløkka, 0175 Oslo | ÖPNV Buslinien 21, 33 bis Maridalsvei, Buslinien 34, 54 bis Alexander Kiellands vei | Öffnungszeiten rund um die Uhr | Tipp Einfach in Kuba bleiben. Sich ins Gras legen. Nichts mehr tun für den Rest des Tages. Doch es lohnt sich, noch ein Stück weiter flussaufwärts zu gehen. Hier und da lässt eine Trauerweide ihre Zweige tief über das Wasser hängen, der Øvre Foss tost hinter der nächsten Kurve, und die Wiesen ziehen sich in sanften Hügeln hinauf zur Straße.

55 Die Kulturkirche Jakob

Ein gottgefälliger Musikgenuss

Die Jakobskirche steht ziemlich zentral in Oslo, ungefähr in der Mitte zwischen dem Vår Frelsers Gravlund und dem Botanischen Garten. Sie wurde 1880 im damals üblichen historisierenden Stil errichtet, kunstgeschichtlich interessant ist das Altargemälde »Anbetung der Hirten« von Georg Andreas Bull (auch von 1880).

Als in den 1980er Jahren in der Gegend immer mehr Bürobauten entstanden und die Pfarrkinder wegzogen, sollte die Kirche abgerissen werden – der zuständige Bischof wollte nicht, dass der Bau irgendwelchen gotteslästerlichen Zwecken zugeführt würde. Aber da griff Kirkelig Kulturverksted ein. Die »kirchliche Kulturwerkstatt« ist eigentlich eine Schallplattenfirma. Sie wurde 1974 ins Leben gerufen, Erik Hillestad, Gründer und bis heute Chef, sieht seine Sendung darin, die lutherische Fassung des christlichen Glaubens zu verbreiten, aber ohne aufdringliche Missioniererei. Es dauerte bis ins neue Jahrhundert, bis die Schallplattenfirma schließlich um die Kulturkirche erweitert werden konnte. Der Bischof musste überzeugt werden, dass nur gottgefällige Unterhaltung geplant war, die Stadt Oslo und das Denkmalschutzamt mussten zustimmen, und dann musste noch Geld für die nötigen Instandsetzungsmaßnahmen zusammengescharrt werden. Aufgrund des veränderten Grundwasserspiegels hatte sich der Ostteil der Kirche gesenkt.

Alle Probleme konnten schließlich gelöst werden, und die Kulturkirche Jakob präsentiert heute auch weltliche Musik, so ungefähr alles, was in der norwegischen Musik Rang und Namen hat, dazu neue Namen und Gäste vor allem aus Ländern der Südhalbkugel, die der unermüdliche Erik Hillestad auf seinen Reisen aufgetan hat. Manchmal gibt es auch Theater- und Tanzvorstellungen, die ehemalige Krypta schließlich wird für Lesungen und Ausstellungen genutzt. Und Wein wird großzügig ausgeschenkt, ganz im biblischen Sinne also.

Adresse Kulturkirken Jakob, Hausmanns gate 14, 0182 Oslo | **ÖPNV** Bus 30, 31 bis Hausmanns bru, Bus 34 bis Jakobs kirke | **Öffnungszeiten** Mo–Fr 10–16 Uhr und zu Veranstaltungen | **Tipp** Gleich nebenan ist das Büro der Kirkelig Kulturverksted mit einem Laden, der die gesamte Produktion dieser rührigen Firma anbietet, alles von Ketil Bjørnstad bis zu Wencke Myhre.

56 Kurt Schwitters' Spuren

Was man in Oslo vielleicht nicht erwartet hätte

Dass der Dadaist und Merzkünstler Kurt Schwitters (1887–1948) den ersten Teil seines Exils in Oslo verbracht hat, ist selbst manchen Schwittersfans nicht bekannt. Aber so ist es – Sohn Ernst war schon nach Norwegen geflohen, Kurt Schwitters reiste 1938 zu ihm nach Oslo. Dort wohnte er zunächst im Stadtteil Lysaker im Fagerhøyvei und errichtete hinter dem Wohnhaus einen »Merzbau«, ein hölzernes Häuschen, in dem er dichtete und die Wände bemalte. Nachdem sein Merzbau durch einen Brand zerstört worden war, gab Schwitters das Haus in Oslo auf und siedelte auf die Insel Hjertøya bei Molde über. Sohn Ernst wurde 1946 norwegischer Staatsbürger und gilt als einer der einflussreichsten norwegischen Fotografen der Nachkriegszeit, auf Flohmärken und in entsprechenden Internetforen sind Postkarten mit seinen Bildern heiß begehrt. Leider ist sein Atelier nicht erhalten.

Auch von Vater Kurt finden sich im heutigen Oslo nicht viele Spuren. Ein Besuch an seiner Adresse Fagerhøyveien 22 führt uns zu einem bildschönen roten Holzhaus in einem Garten voller prachtvoller Apfelbäume. Wir können uns den Merzbau in dieser Idylle wunderbar vorstellen, aber nichts erinnert hier an Schwitters, nicht einmal eine Gedenktafel ist vorhanden.

Dafür aber gibt es im Henie-Onstad-Zentrum auf der Halbinsel Høvikodden einen Kurt-Schwitters-Raum, der eine wunderbare Einführung in Leben und Werk dieses großen Künstlers bietet. Enkel Bengt Schwitters hatte diesen Nachlass der Stadt Oslo zugedacht, aber die wollte ihn nicht. In enger Zusammenarbeit mit der Kurt-Schwitters-Stiftung in Hannover entstand die feste Ausstellung, die jeweils neuen Forschungserkenntnissen angepasst wird. Im Kurt-Schwitters-Raum finden wir Zeichnungen, Tondokumente, Videoinstallationen, Bücher und Zeitschriften zum Thema Merz, insgesamt eine hervorragende Einführung in sein Werk.

Adresse Sonja Henies vei 31, 1311 Høvikodden | ÖPNV Bus 160 bis Høvikodden | Öffnungszeiten Di–So 11–17 Uhr | Tipp Im Park des Henie-Onstad-Zentrums entsteht das »Todeshaus« des norwegischen Künstlers Bjarne Melgaard. Es sieht aus wie eine zusammengeknüllte schwarze Plastiktüte, aber wenn es erst im Henie-Onstad-Zentrum steht, ist es sicher ein großes Erlebnis und so oder so das meistdiskutierte norwegische Kunstwerk der letzten Jahrzehnte.

57 Der Laden in der Oper

Opernschminke und Requisiten

Die Osloer Oper ist zweifellos eine Sehenswürdigkeit, aber muss man sie wirklich in echt gesehen haben? Überall in Broschüren und Berichten über Oslo wird sie gezeigt, und klar, architektonisch hebt sie sich schon von den viereckigen Klötzen ab, die neuerdings den Hintergrund bilden und den Blick von der Stadt auf den Fjord versperren. Indes soll hier das Osloer Opernhaus nicht geschmäht werden, schließlich beherbergt es einen ganz besonderen Laden: Operabutikken.

Dort findet sich alles, was man von einem Opernladen erwartet: Bücher in mehreren Sprachen über Oper- und Ballettgeschichte, CDs mit Opernaufnahmen – angeblich gibt es von allen Künstlerinnen, die hier schon gesungen haben, auch Tonträger zu kaufen. Dazu das Übliche, Tassen, T-Shirts, Kugelschreiber mit dem Bild der Oper, Postkarten und Poster und überhaupt.

Das Besondere: Es gibt Schminktäschchen. Das klingt erst mal langweilig, aber diese hier enthalten echte Theaterschminke. An den Tagen der offenen Tür (unregelmäßig, aber auf jeden Fall einmal jedes Jahr im September) gibt es Kurse für Kinder und für Erwachsene, in denen die Kunst des Bühnenschminkens gelehrt wird. Die Werkstätten der Oper sind dann geöffnet, es finden Einführungen in die Kunst des Kulissenbaus statt, und man darf durchaus versuchen, für »Lohengrin« einen stolzen Schwan herzustellen. Sängerinnen und Musiker erzählen von ihrer Arbeit, die Kostümwerkstatt lädt ein zum Anprobieren von Kostümen und Perücken. Aber das Schönste ist, dass ausrangierte Kostüme und Perücken verkauft werden. Die sind natürlich ungeheuer begehrt und meistens sehr schnell vergriffen, aber wenn man Glück hat, findet man auch an anderen Tagen im Opernladen einige Ladenhüter, die noch immer wunderschön sind und zur Schminke passen. Und auch dann kann man natürlich trotzdem ungeheuer viel Spaß mit den bunten Farben und den fetten Cremes haben.

Adresse Kirsten Flagstads plass 1, 0150 Oslo | **ÖPNV** U-Bahn und Straßenbahn nach Oslo Sentralstasjon (alle Linien) | **Öffnungszeiten** täglich 12–16 Uhr und während der Vorstellungen | **Tipp** Hierbleiben, sich mit den gekauften Schätzen draußen auf die Terrasse setzen und den Blick auf den Fjord genießen. Und in der Sanguine Brasserie im Foyer des Opernhauses ein Glas Champagner trinken!

58 Das Larsen

Speck mit Stippe

Das Larsen ist, trotz seiner relativen Jugend (eröffnet 1951), ein Urgestein unter Oslos Restaurants. Oft wird es bezeichnet als eine der »typischsten braunen Kneipen« der Stadt. Unter »braunen Kneipen« versteht man in Norwegen die ganz urigen, die fast nur von Stammgästen besucht werden und in denen die Wände vom jahrzehntelangen Tabakrauchen braun gebeizt sind.

Seit 2005 gilt in Osloer Lokalen striktes Rauchverbot, brauner werden die Wände also nicht mehr, und das Larsen hat einige Veränderungen durchgemacht. Die Stammgäste sind geblieben, viele neue dazugekommen, und die Speisekarte wurde erweitert um »Flesk med duppe«, »Speck mit Stippe«. Dieses Gericht ist dermaßen norwegische Hausmannskost, dass es viele Jahre hindurch nicht einmal den Restaurants, die stolz »norwegische Hausmannskost« anbieten, fein genug war. Es besteht aus kross gebratenem Räucherspeck, serviert mit einer dicken Mehlschwitze (zum Stippen eben) und Steckrübenpüree oder auch gekochten Kartoffeln, zu besonderen Gelegenheiten auch beidem, und natürlich mit zerlassener Butter. In dem Roman »Blutsbrüder« lässt der Autor Ingvar Ambjørnsen seine Helden das Restaurant Larsen aufsuchen, weil sie gesehen haben, dass es dort als Tagesgericht Speck mit Stippe gibt.

Im Larsen las man damals keine Romane, und die Belegschaft war bass erstaunt, als sich immer häufiger bisher nie gesehene Gäste einfanden, die Speck mit Stippe zu speisen wünschten. Aber der kluge Gastwirt gibt dem Gast, was der Gast begehrt, und so gibt es im Larsen nun zuverlässig Speck mit Stippe. Jeden Donnerstag als Tagesgericht.

Ansonsten halten sich die Neuerungen in Grenzen, auch das ist eine Attraktion. Dunkle Holztäfelung, rote Kunststoffsitze, alles wie im Jahr der Eröffnung, oder wie der freundliche Wirt es formuliert: »Tritt ein, setz dich und sperr die Welt aus.«

Adresse Sørkedalsveien 1B, 0369 Oslo | **ÖPNV** Bus 32 bis Røa kirke | **Öffnungszeiten** Mo 12–1 Uhr, Di–Fr 11–1 Uhr, Sa 12–1 Uhr, So 13–24 Uhr | **Tipp** Im für den Oscar nominierten Film »Elling« spielt die oben beschriebene Restaurantszene eine große Rolle, doch gefilmt wurde nicht im Larsen, sondern im nicht weit entfernt gelegenen Restaurant Valkyren, genannt Valka. Auch das Valka ist eine ehrwürdige braune Osloer Kneipe, und das schon seit 1928. Unbedingt einen Besuch wert, wenn Sie in Majorstua gemütlich ein Bier trinken wollen, für Fans des Films ohnehin unerlässlich.

59 Lillestrøm

Norwegens Fahrradhauptstadt

Nur ungefähr eine Viertelstunde von Oslo S entfernt liegt Lillestrøm, der einzige Ort, in dem die Zubringerbahn zum Flughafen Gardermoen einen Halt einlegt. Das ist nur folgerichtig, denn als 1854 Norwegens erste Eisenbahnstrecke (Oslo–Eidsvoll) eröffnet wurde, gab es dort den Bahnhof Lillestrøm, noch ganz ohne Ort. Der entwickelte sich dann bald um den Bahnhof herum. Hier gab es Schule, Kirche, Geschäfte … Ältere Leute erzählen noch heute mit schwärmerischem Blick vom Tiergeschäft in der Storgate, wo sie zum ersten Mal so exotische Tiere wie Papageien oder Belgische Riesenkaninchen bewundern konnten. Am Kiosk gegenüber der Tankstelle gaben sie dann ihr Taschengeld für Süßigkeiten aus, und die dortigen Würstchen galten als die besten zwischen Oslo und Lillehammer. Kiosk und Tiergeschäft sind leider verloren gegangen, während Lillestrøm eine rasante Entwicklung zur Messestadt durchgemacht hat. Der Slogan der Stadt, »Yes to all«, gleich in Bahnhofsnähe verdeutlicht durch eine neonbunte Installation der Schweizer Künstlerin Sylvie Fleury, zeigt, wohin die Reise der Stadt gehen soll – überallhin offenbar. Und das am besten mit dem Fahrrad.

In Oslo hat es niemand gemerkt, weil es natürlich unter der hauptstädtischen Würde liegt, den Blick auf die Dörfer zu richten, aber: Lillestrøm hat sich in den letzten Jahren zu Norwegens Fahrradhauptstadt gemausert. Kein Problem, dort in einem der vielen Fahrradläden ein Stahlross auszuleihen und damit auf Entdeckungsreisen zu gehen. Alte Wohnstraßen mit idyllischen Holzhäusern, alte Industrieanlagen, die grüne, abwechslungsreiche Umgebung, alles lädt zu einem ausgedehnten Aufenthalt ein.

Die neue Messehalle, die aussieht wie ein Flughafenterminal, wurde übrigens 2002 mit der »Betontavla« ausgezeichnet, wie der Name »Betontafel« schon sagt, ein Orden für ganz besonders wegweisende Bauten aus Beton!

Adresse Lillestrøm | ÖPNV Bahnlinien R11, L12, L13, L14 bis Lillestrøm | Tipp Gleich beim Bahnhof und beim Messegelände (ein Kaffee im Hotel Scandic kann für eine angenehme Ruhepause sorgen) befindet sich die »Kulturschule«, wo vor allem Musik und Tanz unterrichtet wird (weshalb die Schule viele Jahre lang »Musikschule« hieß). Es lohnt sich, einfach mal vorbeizugehen und zuzuhören, überall dort wird eifrig musiziert.

60_Das Literaturhaus

Ein Labsal für die lesende Seele

Das Osloer Literaturhaus musste einfach gut werden – vor der Eröffnung im Oktober 2007 waren norwegische Literaturpolitiker und Autorinnen fast ein Jahrzehnt durch Europa gereist, um sich über Literaturhäuser in anderen Ländern zu informieren. Besondere Vorbilder für das Literaturhaus in Oslo wurden schließlich die in Hamburg und Köln. Weil Literatur ja nicht nur unterhalten, sondern auch belehren soll, wurde als Domizil dann ein ehemaliges Lehrerseminar erwählt.

Das Osloer Literaturhaus, 1932 in einem vom Bauhaus beeinflussten, eher kargen Stil errichtet, liegt hinter dem königlichen Schloss und beherbergt eine Vielzahl von Räumlichkeiten. Nicht alle sind der Öffentlichkeit zugänglich, und was sollten wir auch in den Verwaltungsbüros, im Sekretariat des Norwegischen PEN-Clubs oder in der im obersten Stock eingerichteten kleinen Wohnung für eine Gastautorin oder einen reisenden Dichter?

Es gibt einen großen Raum, wo man einen Arbeitsplatz mieten kann, und da sitzen dann die angehenden Literaten mit ihrem Laptop und verfassen den nächsten Bestseller. Und es gibt ein Café, mit Ecken, um in Ruhe beim Kaffee ein Buch zu lesen oder den Krimiautor zu beobachten, der gerade zwei Tische weiter interviewt wird.

Alle Freunde in Oslo erzählen von ihren Abenteuern im Literaturhauscafé, irgendwas geht da nämlich immer schief. Typisches Erlebnis: Vier Personen wollen etwas essen, einer fragt: »Gibt es auch ein vegetarisches Gericht?« – »Ich geh mal fragen«, sagt der Kellner und verschwindet. Kommt nach 20 Minuten wieder und stellt einen Teller vor den verdutzten Vegetarier. Es gab ein Gericht, wozu fragen, ob der Gast das auch wirklich will? Nun erst dürfen die restlichen drei etwas bestellen. So was erhöht die Spannung, und man ist fast enttäuscht, wenn bei einem Besuch im Literaturhauscafé einmal alles reibungslos abläuft!

Adresse Wergelandsveien 29, 0167 Oslo | **ÖPNV** Straßenbahn 11 bis Welhavens gate | **Öffnungszeiten** Mo–Sa 11–24 Uhr | **Tipp** Praktisch nebenan: Im Kunstnernes Hus, Künstlerhaus, gibt es Ausstellungen, früher, als es noch eine billige Cafeteria beherbergte, lungerten hier Oslos brotlose Künstler herum. Heute ist es eher Treffpunkt der Kulturschickeria.

61 Das Lorry

Kneipenlabyrinth ohne schönen Kellner

Das Lorry im Parkvei ist für viele der Inbegriff von Oslo – aber es heißt, nicht einmal Oslo könnte zwei Lorrys hervorbringen.

Es ist vielleicht kein Ort, an dem man den ganzen Abend verbringt, zu viel ist los. Es ist immer voll, Möchtegerngäste schauen in jede Nische, in der Hoffnung, doch noch einen freien Platz zu ergattern, andere suchen nach Bekannten, noch andere sind wirklich reine Touristen und wollen sich nur mal umschauen. Verständlich, das Lorry muss man gesehen haben. Und richtig: Hier sitzt man in Nischen. In manchen hängt ein Schildchen mit dem Namen eines besonders geschätzten Stammgasts – aber um dieser Ehre teilhaftig zu werden, muss man sehr viel Geld hier vertrunken und mindestens eine Schlägerei angezettelt haben.

Es gibt mehrere, oft verschachtelte Räume auf zwei Etagen, dazwischen und darinnen eine umwerfende Ausstellung von ausgestopften Bären, Elchköpfen samt Geweih, Galionsfiguren, Schnitzereien, Glasmalerei, Wappen, Waffen, Gemälden – etliche der Gemälde sind den vielen Künstlern unter den Stammgästen zu verdanken. Angeblich gibt es im Lorry das größte Bierangebot von ganz Norwegen. Zu essen gibt es auch, berühmt ist die hausgemachte Fischsuppe.

Die Anekdoten über Geschehnisse im Lorry könnten Bücher füllen, hier ist eine kurze: Auf der Damentoilette steckte in der gepolsterten Ledertapete ein Messer. Eine seriös aussehende ältere Dame zog es heraus, verstaute es in ihrer Handtasche und sagte beiläufig zu der Autorin, die nicht so recht gewusst hatte, wie man sich angesichts eines Dolchs in der Tapete verhält: »Hast du schon gesehen, dass hier gar keine schönen Kellner mehr arbeiten?« Vor 40 Jahren sei das anders gewesen, da kamen die Gäste, um die schönen Kellner anzustaunen. Der schönste hieß Arnesen und wohnte in Bislett. Bizarres Erlebnis? Im Lorry alltäglich!

Adresse Parkveien 12, 0350 Oslo | ÖPNV Bus 11B bis Welhavens gate | Öffnungszeiten Di–Sa 11–3.30 Uhr, So 12–1 Uhr, Mo 11–1 Uhr | Tipp Der Hegdehaugsvei, der gleich gegenüber auf der anderen Straßenseite anfängt, nach Majorstua hinaufführt und weiter oben dann Bogstadvei heißt, ist Oslos Oxford Street. Hier kann man endlos viel Geld ausgeben, Boutiquen, Kunstgalerien und Restaurants aller Art reihen sich aneinander.

62 Modum Blaafarveværket

Ins Blaue

Das alte Blaufarbenwerk ist eine der umfangreichsten Sehenswürdigkeiten nicht nur in der Umgebung von Oslo, sondern in ganz Ostnorwegen, und ein Tag reicht bei Weitem nicht aus, die vielen Einzelausstellungen auch nur annähernd zu erkunden. In der ersten Hälfte des 19. Jahrhunderts wurden von Modum aus 80 Prozent des weltweiten Verbrauchs an Blaufarbe gedeckt. Blaufarbe, so lesen wir in einer alten deutschen Beschreibung, bedeutet in diesem Fall »diejenige [blaue Farbe], welche in den Bergwerken aus dem Kobalte zubereitet wird«. Kobaltvorkommen waren selten, aber hier bei Modum stieß man auf reiche Vorräte. Nur aus Kobalt gewonnene Blaufarbe überlebt die gewaltigen Temperaturen im Brennofen, edles Porzellan mit blauen Mustern war also auf Kobalt angewiesen. Nach der Erfindung von künstlichem Ultramarin ging es jedoch auch ohne, und das Blaufarbenwerk ging in Konkurs.

Um 1960, als in Norwegen hemmungslos alte Gebäude abgerissen wurden, sollten auch die alten Anlagen verschwinden, aber eine Bürgerinitiative konnte das verhindern. Es dauerte noch bis 1978, bis die ersten Ausstellungen eröffnet wurden. Parallel dazu wurden die alten Schachtanlagen restauriert, und heute gilt Modum Blaafarveværk als das größte und besterhaltene Bergwerksmuseum Europas, und noch längst sind nicht alle Stollen für Besucher erschlossen. Der Stollen Clara ist übrigens komplett barrierefrei!

Einige Museumsführer überraschen ihr Publikum mit der Behauptung, dass der richtige Blauton bei der Herstellung nur durch Pisse erreicht werden konnte, weshalb in Modum ausschließlich Männer gearbeitet hätten, Frauen war aus Schicklichkeitsgründen der Zugang zur Farbmischung verboten. Andere Führer erklären das für Unsinn, das sei nur bei Textilfarbstoffen so gewesen, und die seien in Blaafarveværket ja gar nicht hergestellt worden. Wir können das nicht beurteilen, wir berichten nur.

Adresse Koboltveien 11, 3340 Åmot | **ÖPNV** Bus 101, 104, 111 bis Modum Bad | **Öffnungszeiten** Di–Sa 11–17 Uhr, So 11–18 Uhr | **Tipp** Auf dem Museumsgelände gibt es mehrere Ausstellungsräume und kleinere Einzelmuseen für die norwegische Kunst von der Nationalromantik bis heute. Das Juwel unter den Kunstangeboten ist das Theodor-Kittelsen-Museum. Theodor Kittelsen (1857–1914) war einfach *der* norwegische Troll- und Märchenmaler.

63 Die Nationalgalerie

Die unbekannten Greifen auf dem Dach

Eigentlich ist die Nationalgalerie gar keine mehr, aber bis entschieden wird, wozu das Gebäude in Zukunft genutzt werden soll, wird es weiterhin Nationalgalerie heißen. Und da solche Prozesse in Oslo immer besonders lange dauern, können wir mit einigen Jahrzehnten rechnen – in denen hoffentlich die Greifen weiterhin oben auf dem Dach sitzen und ihren scharfen Blick über Oslo schweifen lassen werden.

Das große Gebäude aus rötlichen Steinen wurde ab 1871 erbaut, um dem damaligen Christiania ein Museum für die nationale Kunst zu geben, 1881 wurde eröffnet. Die Greifen auf dem Dach sind so alt wie das Gebäude selbst. Als Mäzenin für den Museumsbau fungierte damals die Christiania Sparebank. Und weil man schon mal die Spendierhosen anhatte, wurden in einem Aufwasch bei dem Bildhauer Søren Lexow Hansen (1845–1919) »vier Greifen nach antikem Vorbild« in Auftrag gegeben. Die Greifen sollten außerdem »natürliche Größe« haben. Zur Frage jedoch, wie man bei Fabeltieren die »natürliche Größe« ermittelt, ist in den Unterlagen nichts zu finden.

Da die Greifen in alle Ewigkeit die norwegische Kunst bewachen sollten, wurden sie aus Zink angefertigt, das galt damals als unverwüstliches Material. Sie wurden mühsam auf das Museumsdach gehievt, denn jeder Greif wog eine halbe Tonne. Die Greifengießer von 1871 hatten jedoch nicht mit der ein Jahrhundert später wütenden Luftverschmutzung rechnen können. Die armen Greifen waren um 1980 bereits total zerfressen. Deshalb wurden sie in aller Stille durch Kopien aus mit Glasfasern armiertem Plastikbeton ersetzt. In aller Stille, weil die Zuständigen nicht zugeben wollten, dass ein Wahrzeichen der Stadt fast in Stücken vom Dach gefallen wäre.

Und so ist vielen in Oslo bis heute gar nicht bekannt, dass nicht mehr die echten Greifen das Dach der ehemaligen Nationalgalerie zieren!

Adresse Universitetsgata 13, 0164 Oslo | **ÖPNV** U-Bahn bis Nationaltheatret (alle Linien), dann circa 5 Minuten Fußweg, Straßenbahnlinie 11 bis Tullinløkka | **Öffnungszeiten** derzeit nur Außenbesichtigung | **Tipp** In der Parallelstraße, praktisch Rücken an Rücken, Fredrikgate 2, befindet sich das Historische Museum, Oslo Historisk Museum – umfangreiche Sammlungen aus dem norwegischen Mittelalter, feste Amundsen-Ausstellung, wechselnde Ausstellungen.

64 Nesodden

Die scharfe Spitze

Ein bisschen Namenskunde: »Nes« bedeutet Landspitze, »Odd« auch, woraus wir schließen können, dass eine Landspitze namens Nesodden ganz besonders spitz sein muss. Nesodden sieht wirklich aus wie ein spitzer Faustkeil, der drohend auf die gegenüberliegende Stadt Oslo gerichtet wird.

Archäologen können nachweisen, dass Nesodden schon lange besiedelt war, als im späteren Oslo noch höchstens ab und zu ein wilder Troll durch die Sümpfe stapfte. Von Bedrohung ist heute keine Rede mehr. Nesodden ist ein beliebtes Wohn- und Naherholungsgebiet, von Aker Brygge in Oslo innerhalb von 25 Minuten mit den im Pendelverkehr fahrenden Hafenfähren zu erreichen.

Für Gäste hat Nesodden viel zu bieten. Malerische Sonnenuntergänge, das ist oft das Erste, was erwähnt wird – kein Wunder also, dass auf Nesodden (angeblich) mehr Maler, Bildhauer und Poeten wohnen als in irgendeiner anderen norwegischen Gemeinde.

Auf einer kleinen Landspitze der großen Landspitze liegt das Kunstcafé Hellviktangen. Es sieht aus wie ein Herrenhaus aus einem Roman von Rosamunde Pilcher und ist entsprechend begehrt für Hochzeitsfeiern. Der alte Wasserturm der Halbinsel gehört jetzt dem Kunstverein Nesodden, der dort eine Galerie betreibt. Zu Ausstellungseröffnungen wird auf dem Rasen vor dem Turm zumeist ein Fest mit viel Musik gefeiert.

Berühmt ist auch das Kulturzentrum Nesoddparken mit seinem großen Skulpturenpark. Mitten im Park steht die Kunsthalle, wo es natürlich ebenfalls Ausstellungen vor allem von Künstlern gibt, die sich auf Nesodden niedergelassen haben. Besonders zu empfehlen ist ein Besuch im Laden der Kunsthalle mit schönen Dingen, die auf der Halbinsel entstanden sind: Keramiktassen, Ohrgehänge, gewebte Schals, Grafiken … Man seufzt auf und läuft ganz schnell zur Fähre nach Oslo, um weiteren Versuchungen zu entrinnen.

Adresse Nesodden, 1420 Svartskog | **ÖPNV** Fähren gehen bis kurz vor Mitternacht von Aker Brygge | **Tipp** Auf Entdeckungsreise gehen! Es gibt wunderschöne, fast geheime Strände auf Nesodden, zum Baden, Sonnen, Im-Schlafsack-Übernachten. Einfach mal auf Entdeckungstour gehen!

65 Die neue Zentralbibliothek

Oslos Prachtstück

Eigentlich liegt es nahe, hier von »Oslos guter Stube« zu sprechen: Die neue Zentralbibliothek, oder Nye Deichmanske Bibliotek, wie der offizielle Name ist, lädt wirklich zum Verweilen ein. Aber sie ist einfach zu groß, zu prunkvoll, schon von außen gestaltet wie ein hochmoderner Palast, nein, »Stube« geht nicht.

Nach der Eröffnung im Juni 2020 überschlug sich auch die deutsche Presse vor Begeisterung, so viel Platz, so moderne Architektur, mehr als 450.000 Medien, so ein schönes Café mit Dachterrasse und unglaublicher Aussicht über den Fjord, einfach alles ganz toll. Auf sechs Etagen kann man Unmengen von Büchern ansehen und in einer stillen Ecke darin schmökern. Nur verstockte Spielverderberinnen wiesen darauf hin, dass für so ein Prestigeobjekt an anderer Stelle gespart wird – in diesem Fall wurden etliche Stadtteilbibliotheken »stillgelegt«, älteren oder gebrechlichen Menschen oder solchen mit wenig Geld (die Bibliotheksbenutzung ist gratis, die Anreise aus den nunmehr bibliothekslosen Vororten nicht) hilft der Prachtbau also gar nicht weiter.

Aber dennoch, die neue Deichmanske muss man einfach gesehen haben. Es ist ein schönes Gefühl, vor dem Eingang zu einem Bücherhimmel Schlange zu stehen, auch wenn viele nicht zum Lesen herkommen, sondern um sich das neue Wahrzeichen Oslos von innen anzusehen. Schlangestehen hat bei Deichmans offenbar Tradition: Als im Januar 2020 die alte Hauptfiliale für immer ihre Pforten schloss, wollten 27.000 Deichman-Fans am Abschiedsfest teilnehmen, die Schlange wickelte sich auf mehreren 100 Metern dreimal um das Gebäude. Bei der Eröffnung im Juni 2020 waren, coronabedingt, natürlich nur handverlesene Honoratioren anwesend. Aber der Bibliotheksleiter peilt die Besucherzahl von zwei Millionen pro Jahr an. Dass die nicht alle wegen der Bücher kommen werden, ist klar – aber vielleicht werden sie ja doch lesesüchtig.

Adresse Nye Deichmanske Bibliotek, Anne-Cath. Vestlys plass 1, 0150 Oslo | **ÖPNV** gleich beim Hauptbahnhof Oslo S, alle U-Bahn-Linien | **Öffnungszeiten** Mo–Fr 8–22 Uhr, Sa und So 10–18 Uhr | **Tipp** Einfach über die nächste große Kreuzung in Richtung Westen gehen, schon steht man in der Quadratur, genauer gesagt in der Skippergate. Im Haus Nummer 3, 1837 im Empirestil errichtet, befand sich 180 Jahre lang ein Café. Ein blaues Schild an der Außenmauer berichtet, dass hier Norwegens Nationaldichter Henrik Wergeland seine spätere Gattin Amalie kennenlernte.

66 Das Norske Theatret

Märchenhaftes im Theater

Das Norwegische Theater ist die einzige Schaubühne in der Hauptstadt, die konsequent auf Nynorsk geschriebene Stücke aufführt, einer der beiden amtlichen norwegischen Schriftsprachen. In seiner langen Geschichte ist das Theater mehrfach umgezogen, am heutigen Standort ging 1985 erstmals der Vorhang hoch.

Der Bau gilt als Meisterwerk postmodernistischer Architektur, steht auf der »gelben Liste« der Osloer Kulturbehörden und kann deshalb irgendwann unter Denkmalschutz gestellt werden. Was nicht unbedingt etwas bedeutet, das zeigt das Schicksal des Hauses, das früher hier stand und das im kollektiven Osloer Gedächtnis noch sehr lebendig vertreten ist.

Das sogenannte »Märchenhaus« (Eventyrgården) wurde 1873 errichtet, ein vierstöckiges Gebäude mit großem Innenhof, das zuerst die Stadtbibliothek beherbergte, dann eine große Schlosserei (weshalb es auch als »Eisenhaus« bekannt war). So beschreibt es Norwegens bedeutendster Krimiautor, Jon Michelet: »Im Dämmerlicht sah er das blau angestrichene Haus. Da waren sie alle an der Mauer: der Fuchs und der Bär, der Wolf und der König, die Prinzessin, der Troll, Schmierbock, Per und Pål und ganz oben, mit aufgerichteten Ohren und sardonischem Grinsen, der Grindkopf, der trotzdem die Prinzessin bekam.« Die als Medaillons über den Fenstern angebrachten Märchenbilder stammten von Norwegens Nationalmaler Erik Werenskiold. Das alles half dem Haus aber nichts, es wurde amtlich beschlossen, dass es dem Theater weichen sollte.

Wenn man vor dem Norske Teater steht oder wenn man Bilder beider Häuser nebeneinanderlegt, sieht man noch die Umrisse des Märchenhauses in der Gestalt des Theaters. Ein Tipp nebenbei: Wenn Sie irgendwo Jon Michelets Krimi »Weiß wie Schnee« auftreiben können: zugreifen. Das Buch ist eine Fundgrube für Osloer Bau- und Kulturgeschichte!

Adresse Kristian IVs gate 8, 0164 Oslo | **ÖPNV** U-Bahn bis Nationaltheatret (alle Linien) | **Tipp** Die Straße überqueren, zum Sehesteds plass, einem ziemlich großen Innenhof zwischen reich verzierten, symmetrisch zueinander angelegten Stadtresidenzen aus den Gründerjahren. Heute residieren dort zwei der größten norwegischen Verlage.

67_Nydalen

Das Büroklammerdenkmal

Ein Denkmal für eine Büroklammer sieht man wahrlich nicht alle Tage, aber in Oslo gibt es sogar das. Wobei es sich nicht um eine Büroklammer handelt, die irgendeine Heldentat vollbracht hat, sondern um die Büroklammer an sich. Die ist nämlich eine norwegische Erfindung. Es gibt nur zwei Gegenstände, für die ein Norweger je ein Patent angemeldet hat; der andere ist der Käsehobel. Der Erfinder kam allerdings aus Lillehammer, deshalb gibt es in Oslo kein Käsehobeldenkmal. Bei der Büroklammer streiten sich übrigens die Büroklammerforscher, wer sie wirklich erfunden hat. Nachweislich aber hat ein gewisser Johan Vaaler (1866–1910) aus Aurskog bei Oslo am 12. November 1899 ein Patent auf eine Büroklammer beantragt und es auch erhalten. Und dass die Büroklammer danach ihren Siegeszug um die Welt antrat, der bis heute anhält – darüber sind sich sogar die Gelehrten einig.

In Norwegen wurde die Büroklammer im Zweiten Weltkrieg zu einer Art politischem Manifest, wer eine am Revers trug, zeigte damit seinen Widerstand gegen die Besatzung durch die deutsche Wehrmacht. Zum 100. Jahrestag des Patentantrags 1999 ehrte die norwegische Post den Erfinder mit einer Sondermarke, auf der natürlich eine Büroklammer abgebildet ist.

Und ein Denkmal wurde ihr also auch errichtet. Es steht im Osloer Stadtteil Nydalen auf dem Gelände der Handelshochschule und hat die Form einer riesigen Büroklammer. Dass sich das Denkmal auf dem Campus befindet, braucht niemanden abzuschrecken, der Zugang ist jederzeit frei. Über die Hochschule gibt es nicht viel zu sagen. Sie wurde 2005 eingeweiht und sieht aus wie alle Hochschulen, die in jener Zeit erbaut wurden. Immerhin gibt es ein Café, und allzu ernsthaft scheint es beim Studium nicht zuzugehen, auf der Liste der dort möglichen Aktivitäten finden wir einen Damenchor, einen Herrenchor und einen Cheerleaderkurs.

Adresse Nydalsveien 37, 0484 Oslo | ÖPNV Bus 23 und 30 bis Nydalen | Tipp Einfach ein bisschen durch Nydalen wandeln. Danach ein Spaziergang am Akerselv zurück in Richtung Innenstadt, sehr bald erreicht man das alte Viertel Sagene mit seinen Architekturdenkmälern aus der Frühzeit der Industrialisierung.

68 Das Osloer Wappentier

Die Tiger von Oslo

Der bekannteste Osloer Tiger begegnet uns gleich nach Verlassen der Bahnhofshalle: Seine Bronzestatue steht auf Jernbanetorget, dem Platz vor dem Osloer Hauptbahnhof (kurz: Oslo S). Die Skulptur war ein Geschenk der Wohnungsbaugesellschaft Eiendomsspar an die Stadt Oslo zur 1.000-Jahr-Feier im Jahre 2000. Seither ist der Tiger zu einer Art Wappentier der Stadt geworden, überall schießen kleine Abbilder wie Pilze aus dem Boden.

Aber warum gerade ein Tiger? Das hat einen sehr poetischen Grund – ein Gedicht nämlich. Norwegens Nationaldichter Bjørnstjerne Bjørnson schrieb es 1870. Darin muss, bejubelt von einer blutrünstigen Volksmenge, ein Pferd gegen einen Tiger kämpfen – und verteidigt sich mit Hufen und Zähnen. Im Gedicht heißt es: »Wer schließlich siegte, weiß ich nicht, denn dieses Pferdchen, das bin ich, und der Kampf geht heut noch fort. Doch die Stadt, wo er sich zugetragen, wo Applaus und Jubel tagen, ist dir gewiss ein wohlbekannter Ort.« Wenn wir ihm glauben wollen, war Oslo also einst ein zähnefletschendes Ungeheuer, das sich an geplagten Künstlern nur zu gern die Krallen wetzte. Und nicht nur an Künstlern. Oslo galt noch lange danach als Stadt, in der Fremde nur als zahlende Touristen gern gesehen waren – noch um 1960 war es zum Beispiel gang und gäbe, dass bei Zimmervermietungen in den Annoncen stand: »An Leute aus Nordnorwegen wird nicht vermietet.« Dass unter solchen Umständen die Stadt den Beinamen »Tigerstadt« erhielt, kann da nicht verwundern. Übrigens weiß ganz Oslo, dass der Name einem Gedicht von Bjørnson zu verdanken ist, aber kaum jemand kennt dieses Gedicht.

Der Tiger am Bahnhof ist an vielen Stellen abgegriffen und glänzt, als brächte die Berührung Glück, obwohl von einer solchen Sage bisher nichts bekannt ist. Warum aber dem tapferen Pferd kein Denkmal errichtet worden ist, wissen nur die Osloer Kulturbonzen.

Adresse Jernbanetorget, 0154 Oslo | ÖPNV U-Bahn und Straßenbahn bis Sentralstasjon (alle Linien) | Tipp Im Bahnhof, in dem Flügel, von dem aus Flytoget (der Zubringer zum Osloer Flughafen Gardermoen) abfährt, gibt es das Café Baguette. Es liegt gleich neben der Rolltreppe zum Bahnsteig und hat bequeme Sofas und gutes Essen.

69 Die Oslo Flaggfabrikk

Ein ganz besonderes Fahnenmeer

Wenn Sie gern in Flaggen schwelgen, sind Sie in Oslo und überhaupt in Norwegen genau richtig. Dieses Land liebt seine Flagge – sie ist überall zu sehen. Das norwegische Flaggengesetz von 1898 füllt mehrere Seiten – es gibt klare Bestimmungen dafür, wann die Flagge gehisst werden muss und wann sie nicht gehisst werden darf, sie darf auf keinen Fall über den Boden schleifen, die Vorschriften nehmen kein Ende. Aber das freundliche Personal im Laden der Norwegischen Flaggenfabrik in der Stortingsgate kennt sie alle und weiß für jeden Fall Rat. Wenn Sie sich also eine norwegische Flagge zulegen wollen, schauen Sie sich hier um. Es gibt zwar inzwischen auch einen Online-Laden, aber der kann nur einen schwachen Eindruck der geballten Flaggenwucht vermitteln.

Vorsicht übrigens, falls Sie vorhatten, sich eine norwegische Flagge zu besorgen, um damit bei sich zu Hause den Besuch aus Norwegen willkommen zu heißen: Die norwegische Flagge darf nicht angeklebt und nicht angenagelt werden, es sind schon Freundschaften aufgrund solchen Frevels zerbrochen.

Die norwegische Flaggenfabrik gibt es seit über 115 Jahren, also ungefähr seit Norwegen ein unabhängiges Land mit eigener Flagge ist. In all den Jahren hat sie erstklassige Ware geliefert, immer dem geplanten Verwendungszweck angepasst, und stolz verweist die Website darauf, dass der gesamte Flaggenschmuck bei der Winterolympiade 1994 in Lillehammer von der Oslo Flaggfabrikk stammte.

Doch selbst wenn zu 99 Prozent norwegische Flaggen produziert und verkauft werden – auch die Anfertigung anderer Fahnen ist möglich. Ob Sie einen Jolly Roger oder Ihr Familienwappen als erstklassig geschneiderte Flagge wünschen, ob im Riesenformat oder als kleiner Wimpel fürs Fahrrad – in der Oslo Flaggfabrikk werden Sie kompetent beraten und mit dem Produkt auf jeden Fall zufrieden sein.

Adresse Stortingsgate 30, 0161 Oslo | ÖPNV U-Bahn bis Nationaltheatret (alle Linien) | Öffnungszeiten Mo–Fr 9–18 Uhr, Sa 10–16 Uhr | Tipp Freia Sjokoladebutikk, der Laden der Schokoladenfabrik Freia: Ein Publikumsmagnet sind die wechselnden Ausstellungen im Schaufenster. Und dann geht man hinein und langt zu, alles darf vor Ort verkostet werden. Das Paradies für Leckermäuler!

70 Oslos beliebtestes Denkmal

Des Pudels König

Egal, wen man in Oslo nach den Sehenswürdigkeiten fragt, die man gesehen haben muss, immer wird diese genannt: das Denkmal von König Olav und seinem Pudel auf Holmenkollen. Und warum? »Es ist so niedlich«, sagen alle, und da ist Widerspruch einfach unmöglich. Also, auf nach Holmenkollen, bekannt wegen seiner Sprungschanze, der ältesten und berühmtesten der Welt.

Die norwegische Königsfamilie ist für ihre Hundeliebe bekannt. Die Hunde sind alle auf dem Königssitz Skaugum bestattet, angeblich in prachtvollen Gräbern, wie es sich für so hochstehende Tiere geziemt, leider darf man den Königssitz aber nicht besuchen. Die Namen der Hunde sind nur in wenigen Fällen bekannt, doch als Königin Maud und König Haakon 1905 erstmals ihr neues Königreich betraten, hatten sie elf Hunde im Gefolge, wer soll sich das alles merken. Und dann sind die Namen oft peinlich, wie Milly Kakao (so heißt ein Hund des aktuellen Kronprinzenpaares).

König Olavs Hunde hießen Sharme (wirklich so geschrieben) und Troll. Troll ist der Pudel, mit dem der König das Denkmal teilt, offenbar gingen die beiden gern zusammen auf Skitour. Das bronzene Denkmal wurde 1984 von der norwegischen Bildhauerin Annasif Døhlen geschaffen und von Seiner Majestät persönlich eingeweiht. In Begleitung Trolls natürlich, der sich offenbar vorbildlich verhielt, wenn wir den Zeitungsartikeln von damals glauben dürfen.

Das Denkmal heißt »Skiglede«, also Skifreude, und man sieht es den beiden an! Der König auf Skiern schreitet munter fürbass, Troll springt eifrig vor ihm her. Ein Denkmal für Sharme fehlt noch – verdient hätte er es. Sharme begleitete sein Herrchen auf dessen denkwürdiger Straßenbahnfahrt während der Ölkrise im Winter 1973, als der König beim Schwarzfahren erwischt wurde! Sharme bellte den Schaffner an, worauf der sich entfernte, statt das Bußgeld zu verlangen!

Adresse Holmenkollen, 0787 Oslo | ÖPNV U-Bahn-Linie 1 bis Holmenkollen | Tipp Gleich nebenan sind die Sprungschanze und das Skimuseum. Die Sprungschanze kann bestiegen werden und bietet einen spektakulären Ausblick. Das Museum informiert über die Geschichte des Skispringens.

71 Der Peer-Gynt-Park

Der dünne Geistliche mit dem Fangnetz

So einen Park muss man doch gesehen haben, finden Sie nicht? Dass wir das können, verdanken wir der Wohnungsbaugesellschaft Selvaag. Als zu Beginn dieses Jahrtausends im Osloer Stadtteil Løren ein umfassendes Wohnungsbauprogramm eingeleitet wurde, beschloss Selvaag, dem neuen Wohngebiet einen Skulpturenpark zu schenken. Ein internationaler Wettbewerb wurde ausgeschrieben, mit einer Bedingung: Jede Skulptur sollte eine Gestalt aus Norwegens Nationalepos »Peer Gynt« von Henrik Ibsen darstellen.

Peer selbst, die treue Solveig, der furchterregende Trollkönig, alles naheliegende Themen, aber der irische Bildhauer Eamonn O'Doherty suchte sich eine andere Figur aus: den dünnen Geistlichen mit dem Fangnetz. Das ist eine so absolute Nebengestalt im Stück, dass selbst gewiefte Ibsenkenner erst einmal »Hä?« sagen, wenn sie darauf angesprochen werden.

Für Eamonn O'Doherty stellte sich nun die Frage: Was wollte der dünne Geistliche mit seinem Netz fangen, und was für Netze waren um 1820 (die Zeit, in der das Stück so ungefähr spielt) in Norwegen in Gebrauch? Hier wusste der Leiter des Ibsen-Museums, der eigentlich studierter Volkskundler ist, Rat: Der dünne Geistliche betätigte sich als Vogelsteller, und Vogelnetze jener Zeit sind immerhin auf alten Abbildungen zu sehen. Und nun hält die Gestalt im Park so eines in Händen!

Es kamen Hunderte von Bewerbungen für das Projekt, 20 wurden ausgesucht, und im Jahre 2006 wurden die ersten Statuen im Peer-Gynt-Park in Løren aufgestellt. Im Sommer 2008 gesellte sich dann Eamonn O'Dohertys dünner Geistlicher dazu.

Für literarisch Interessierte gut zu wissen: Jedes Jahr am Bloomsday, dem 16. Juni, pilgert Oslos irische Gemeinde nach Løren, um James Joyce, Henrik Ibsen und dem Irland und Norwegen verbindenden, 2011 verstorbenen Künstler Eamonn O'Doherty gleichermaßen zu huldigen.

Adresse Peter Møllers vei/Lørenvangen, 0512 Oslo | ÖPNV U-Bahn-Linie 5 bis Løren, Bus 23, 24 bis Lørenvangen | Öffnungszeiten freier Zugang rund um die Uhr | Tipp Vom Park aus überall zu sehen: die Hochhäuser, die den neuen Marktplatz, Løren torg, umgeben. Sie sind ein Beispiel für die allerneuesten architektonischen Moden in Norwegens Hauptstadt.

72 Pilestredet 30C

Das Wandgemälde von Munch am Blitzhaus

Edvard Munch ist in Oslo überall – und nicht wenige Osloreisende wenden sich nach einer Weile angewidert ab, wenn sie irgendwo die soundsovielte Reproduktion des »Schrei« sehen. Aber *eine* Schrei-Reproduktion sollten Sie sich nicht entgehen lassen.

Sie befindet sich an einem (ehemals) besetzten Haus in Pilestredet. Dieses Haus wurde Anfang der 1980er Jahre besetzt, als in Oslo wie in vielen europäischen Großstädten junge Leute bezahlbaren Wohnraum forderten. Inzwischen ist nur das »Blitzhaus« übrig, wie die damals jungen Besetzer es nannten. Es dient als Kommunikations- und Veranstaltungszentrum, und natürlich melden sich ab und zu gewisse Politiker zu Wort und verlangen, das Blitzhaus endlich abzureißen. Aber hurra, es wurden längst Verträge mit der Stadt abgeschlossen.

Was das alles mit Edvard Munch zu tun hat? In einem Teil des heutigen Blitzhauses hat er vier Jahre seiner Kindheit verbracht, von 1868 bis 1873. Obwohl dort seine Mutter Laura starb, bezeichnete Edvard später die Jahre in diesem Haus als die glücklichsten seines Lebens. In späteren Jahren kehrte der nunmehr erfolgreiche Maler immer wieder dorthin zurück, fotografierte und malte das Gebäude aus allen möglichen Winkeln.

Ein Schatz, sollte man denken, ideal für ein kleines Munch-Museum. Aber als um 1980 so ungefähr alles, was vom alten Oslo noch übrig war, abgerissen werden und teuren Eigentumswohnungen weichen sollte, meinten die Zuständigen, man habe doch schon das eigentliche Munch-Museum mit den Bildern; wie Munch gewohnt hat, sei ja wohl nicht interessant genug. Das Haus sollte also ebenfalls der Abrissbirne zum Opfer fallen. Doch dann kamen die Punks und besetzten das Gebäude. Und wo sie schon einmal am Instandbesetzen waren, fertigten sie ein riesiges Wandgemälde an – den »Schrei« eben, der heute zu den großen Sehenswürdigkeiten der Osloer Innenstadt zählt.

Adresse Pilestredet 30C, 0166 Oslo | ÖPNV Straßenbahn 17 bis Holbergs plass | Tipp Das Café Blitz, im Blitzhaus gelegen, ist ein gemütliches Café, zudem Infobörse für Veranstaltungen und Aktionen.

73 Die Quadratur des Königs

Ein Stück altes Christiania

Im Jahre 1624 brannte das alte Oslo ab. Die eng stehenden hölzernen Häuser waren eine leichte Beute für die Feuersbrunst, und am Ende war nur noch ein rauchendes Trümmerfeld übrig. Der dänische König Christian IV. beschloss, die Stadt etwas weiter westlich am Fuße der Festung Akershus wieder aufbauen zu lassen – und dieser neuen Stadt gab er dann gleich seinen Namen. Damals hieß Oslo also Christiania.

Die Stadt des Königs unterscheidet sich noch immer deutlich vom sonstigen Stadtbild, schnurgerade und quadratisch verlaufen die Straßen, weswegen dieser am Reißbrett entstandene Stadtteil noch heute Quadratur (norwegisch Kvadratur) genannt wird. In der Quadratur sind noch viele Gebäude aus der Dänenzeit zu sehen, stattliche Stadtresidenzen, in denen, neben noblen Restaurants und gediegenen Läden, vielfach Büros und Firmensitze untergebracht sind – Faustregel: Das alte Geld residiert in der Quadratur, die Neureichen haben ihre Büros im Protzviertel Aker Brygge.

Durch die Quadratur führte die erste Straßenbahnlinie Skandinaviens, Briskebybytrikken, eröffnet 1894. Hier steht das alte Rathaus der Stadt, das lange Zeit als Theatermuseum diente und heute für Gastspiele der Oper genutzt wird. Dem Rathaus gegenüber lag Oslos erster Dom – angeblich »Norwegens prachtvollstes Renaissancebauwerk«, wie wir in alten Chroniken lesen können. Die Kirche wurde 1686 vom Blitz getroffen und trug schwere Brandschäden davon, was der Obrigkeit wie gerufen kam, denn die wollte das Gotteshaus eigentlich nach der Fertigstellung gleich wieder abreißen lassen – der Turm stand den Kanonen der Festung im Weg. So ist die Dreifaltigkeitskirche heute eine der vielen Sehenswürdigkeiten in Norwegen, die gar nicht vorhanden sind. Aber wenn wir vor dem Erinnerungsschild auf dem Christiania Torv stehen, können wir sie uns immerhin vorstellen.

Adresse Stadtviertel Kvadraturen, Oslo | ÖPNV U-Bahn bis Nationaltheatret (alle Linien) | Tipp Der Christiania Torv, der alte Marktplatz des Viertels, ist heute bebaut mit reichlich Beton. Ein beliebter Treffpunkt ist der Brunnen: Eine riesige Hand zeigt gebieterisch auf den Boden (genauer gesagt ins Brunnenbecken). In früheren Zeiten stand hier übrigens der Pranger.

74 Das Reiterdenkmal

Ein wahrhaft königliches Gefühl

»Vor dem Schloss saß Karl Johan auf seinem Bronzepferd; er hielt den Hut in der Hand, wie um sich Luft zuzufächeln.« So beschrieb der norwegische Schriftsteller Alexander Kielland das Denkmal seines Königs, dessen Herrschaft er nicht mehr miterlebt hat. Karl Johan schaut vom hohen Ross herunter auf die nach ihm benannte Osloer Prachtstraße, die Karl Johans gate. Diese Bezeichnung ist allerdings total ungebräuchlich, in Oslo heißt es kurz: Karl Johan. »Wir treffen uns auf Karl Johan.«

Oder bei Karl Johan, denn das Denkmal ist ein beliebter Treffpunkt. Nicht nur, weil es wirklich prachtvoll anzuschauen ist, wie der König dort oben hoch auf seinem Sockel prangt und in die Ferne schaut. Hinter ihm sein Schloss, vor ihm ein Großteil seiner Stadt. Die er übrigens nicht oft besucht hat. Vermutlich hatte er genug in Schweden zu tun, außerdem hatte er Norwegen gar nicht gewollt, aber der Wiener Kongress hatte beschlossen, das Land als Trost an Schweden zu verschieben, da das bisher schwedische Finnland dem russischen Zaren als Kriegsbeute zugefallen war.

Diese Feinheiten sind in Norwegen heute nur noch historisch Interessierten bekannt – aber alle wissen, dass der arme Karl Johan nie im Schloss übernachten konnte, weil es erst nach seinem Tod 1844 fertiggestellt wurde. Kein Wunder, dass er in die andere Richtung schaut und so fesch zu Pferde sitzt, wie das nur ein napoleonischer Marschall kann. Er hat etwas von einem Märchenprinzen an sich, und da ist es kein Wunder, dass das Denkmal ein beliebter Treffpunkt geworden ist. Da sitzt man auf der untersten Stufe des Sockels und hat die lange Prachtstraße im Auge – wenn die ersehnte Person naht, kann man schnell den Taschenspiegel hervorziehen und sich davon überzeugen, dass man wirklich so gut aussieht, wie man möchte … und von unten, von der Straße her, wird man dabei nicht ertappt!

Adresse vor dem königlichen Schloss, dessen Adresse ist Slottsplassen 1, 0010 Oslo | ÖPNV U-Bahn bis Nationaltheatret (alle Linien) | Tipp Bei einem Spaziergang durch den Schlosspark sind hinter dem Schloss viele versteckte Statuen zu entdecken, alte Bäume, seltene Pflanzen, viel Grün – und vor dem Haus der königlichen Garde sieht man die feschen Gardesoldaten exerzieren!

75 Das Restaurant Ekeberg

Schmausen und Skulpturen sehen

Wenn man mitten in Oslo steht und in östlicher Richtung nach oben schaut, denkt man für eine Sekunde, da oben am Ekeberg sei ein Ufo gelandet. Aber es ist ein Restaurant, und nicht irgendeins! Das Restaurant Ekeberg gilt als Juwel der funktionalistischen Bauweise, die vor 100 Jahren so modern war. Das 1929 eröffnete Restaurant hat eine runde Front, zum Tal und zum Fjord hin, riesige Fenster, einen Eckturm, ein flaches Dach und eine große Terrasse. Die runde Bauweise sollte eine maximale Anzahl von Fensterplätzen sichern.

Derzeit leuchtet das Ufo weiß ins Tal, in den ersten Jahrzehnten aber war es in drei hellen Brauntönen gestrichen, um sich der Umgebung anzupassen und nicht »wie eine Wunde im Hang zu klaffen«, wie in einem alten Prospekt zu lesen ist. Bis in die 1970er Jahre hinein war es ein beliebtes Tanzlokal, vor allem für die Generation 60 plus, was dem Haus den Spitznamen »Krampfader« eintrug. Dann verfiel es, sollte abgerissen werden, aber hier setzte sich der Denkmalschutz durch, und nun ist es also ein edles, allerdings selbst für Osloer Verhältnisse teures Restaurant. Der unglaubliche Ausblick lohnt die Ausgaben, und es muss ja nicht das Menü mit sechs Gängen sein – eine Suppe tut's schließlich auch.

Gleich nebenan liegt Ekebergparken, ein Skulpturenpark, der laut eigener Aussage das »Weibliche in all seinen Aspekten zum Ausdruck bringen soll«, weshalb manchmal auch vom »Frauenskulpturenpark« die Rede ist. Das ist zwar maßlos übertrieben, aber zwischen den vielen Werken berühmter Männer – Dalí, Rodin, Botero und der in Oslo unvermeidliche Vigeland – sind wirklich einige Skulpturen von Künstlerinnen zu sehen. Um nur ein paar zu nennen: Louise Bourgeois, Marina Abramović und die Norwegerinnen Tori Wrånes und Aase Texmon Rygh. Im Sommer gibt es regelmäßig sachkundige Führungen (auf Norwegisch und Englisch).

Adresse Kongsveien 15, 0193 Oslo | ÖPNV Straßenbahn 18, 19 bis Ekebergparken | Öffnungszeiten täglich 12–22 Uhr | Tipp Für historisch Interessierte: Wo heute der Skulpturenpark liegt, befand sich von 1940 bis 1945 der von der Wehrmacht angelegte »Ehrenfriedhof Ekeberg« für im Kampf um Norwegen gefallene deutsche Soldaten. Überall im Park finden sich Reste der alten Anlage, zum Beispiel Mauern und Treppen. Sie stehen heute unter Denkmalschutz und sind in den Park integriert.

76 Roald Amundsens Haus

Ein Polfahrer im Schwarzwald

Ungefähr auf halber Strecke zwischen dem Osloer Hauptbahnhof und der ältesten Telefonzelle des Osloer Umlands (siehe Ort 3) liegt das Haus des Polfahrers Roald Amundsen, im Dorf Svartskog, also »Schwarzwald«. Und so sieht es auch aus, dunkle Nadelbäume sorgen für die richtige Färbung. Svartskog ist immer für einen schönen Spaziergang gut. Im Wald gelegen, umgeben von mehreren Naturschutzgebieten, laden zwischen den Bäumen kleine Badeseen zum Verweilen ein. Im Winter ist die Umgebung natürlich ein beliebtes Skigebiet. Bekannte, die im Sommer im Schlafsack im Wald genächtigt haben, berichten, es sei gar nicht so selten, dass man aufwacht und einem Dachs ins Gesicht schaut – der Dachs nun wiederum scheint sich über den seltsamen Fund zu wundern und glotzt zurück.

Roald Amundsen hätte das sicher nichts ausgemacht, er war von seinen Forschungsreisen zweifellos noch ganz andere Konfrontationen gewöhnt. Er kaufte das am Fjord gelegene Grundstück 1908, nachdem er als Erster durch die Nordwestpassage gesegelt war (das ist der Seeweg, der im Norden von Amerika den Atlantik mit dem Pazifik verbindet). Er war nun berühmt und wurde für seine Vortragsreisen üppig honoriert. Er nannte sein neues Haus »Uranienborg«, was nicht symbolisch zu verstehen ist (der Griff nach den Sternen), er war im Uranienborgvei in Kristiania aufgewachsen und wollte an sein Elternhaus erinnern. In diesem Haus lebte er, bis er 1928 zu der Reise aufbrach, auf der sich seine Spuren im ewigen Eis verloren.

Das Haus wurde schon 1935 als Museum der Öffentlichkeit zugänglich gemacht, wenige Jahre also, nachdem Amundsen verschollen war. In der kurzen Zeit konnte kaum etwas von seinen persönlichen Besitztümern verkauft oder verschenkt werden, und deshalb sieht es (angeblich) in Uranienborg noch genauso aus wie an dem Tag, an dem der Hausherr zum letzten Mal seinen Seesack gepackt hat.

Adresse Roald Amundsens vei 192, 1420 Oppegard | **ÖPNV** Bus 86 bis Svartskog | **Öffnungszeiten** aktuelle Informationen auf https://mia.no/roaldamundsen | **Tipp** Svartskog Kolonial, 1916 als Kolonial-, also Lebensmittelladen eröffnet, ist heute ein gemütliches Café. Ein Stammkunde im Laden war Amundsen, davon berichten dort ausgestellte Fotos. Es gibt Kaffee, Kuchen, kleine Gerichte, alles aus Zutaten aus der Region und immer frisch zubereitet. Einen Lebensmittelladen gibt es noch immer, der führt, laut Eigenwerbung, alles »von Gudbrandsdaler Käse bis zu Sunlicht-Seife«, dazu lokale Spezialitäten (berühmt ist die Pflaumenmarmelade) zum Mitnehmen.

77 Die Romanserien

Eine sehr norwegische Buchausstellung

Jeder Supermarkt, jeder Kiosk, wo Zeitschriften verkauft werden, und auch manche Buchläden bieten sie an: norwegische Romanserien. Es ist eine sehr norwegische Leidenschaft, Serien von bis zu 49 Bänden, in denen wir die Irrungen und Wirrungen der Hauptperson(en) sozusagen von der Wiege bis zur Bahre verfolgen können. Die Serien sind auch im Abonnement erhältlich, gefällt das erste Buch, füllt man den hinten eingehefteten Aboschein aus, und die nächsten kommen dann mit der Post, jeden Monat eins. Man kann aber auch Pech haben, das erste Buch ist grandios, man abonniert, aber der Verkauf ist nicht so, wie der Verlag es sich erhofft hat, die Serie wird nach Band 3 stillschweigend eingestellt.

Kultursnobs – von denen es in Norwegen überraschend viele gibt – sind diese Serien ein Dorn im Auge, das sei »keine gute Literatur«, heißt es, zumal diese Serien vor allem von Frauen gelesen würden. Folglich wurde der mit 40 Millionen verkauften Büchern ungekrönten Königin der norwegischen Serienliteratur, Margit Sandemo (1924–2018), die Mitgliedschaft im norwegischen Schriftstellerverband viele Jahre lang verweigert – aber zu ihrem 90. Geburtstag zeichnete König Harald sie persönlich mit einem Orden aus.

Die Serien spielen fast immer in der Vergangenheit, gern im Mittelalter oder zur Wikingerzeit, auch das 19. Jahrhundert und das alte Kristiania oder das alte Bergen sind beliebte Schauplätze. Der Einstieg in die Sucht wird leicht gemacht, in vielen Hotels liegt ein Band der in der Gegend spielenden Serie als Geschenk für die Gäste aus, und in der Abfahrtshalle der Fähre nach Kiel in Oslo gibt es ein ganzes Regal mit Gratisbüchern – wenn man dann süchtig ist und die Serie abonniert, hat man am Ende einen schönen Schmuck fürs Bücherregal, denn nebeneinandergesetzt ergeben die Buchrücken oft ein romantisches Bild, das wiederum eine Einführung in die Romanhandlung bietet.

Adresse jeder Supermarkt, jeder Kiosk, viele Hotels, viele Fähranleger, zum Beispiel der der Fähre nach Kiel: Color Line Terminalen Oslo, 0250 Oslo | ÖPNV Bus 81, Straßenbahn 12 bis Hjortnes | Öffnungszeiten 8–18 Uhr | Tipp Die alte Zentralbibliothek, Deichmanske Bibliotek, ist Norwegens älteste und größte öffentliche Bibliothek. Sie sieht aus wie ein von Ceaușescu entworfener Palast, mit Säulen, Erkern, Innenhöfen, beeindruckenden Mosaiken und am Eingang einer Büste des Dichters Arne Garborg.

78 Der Rudolf Nilsens plass

Zu Ehren des Dichters der Stadt

Wer sich für Oslo interessiert, stößt sehr bald auf Rudolf Nilsen, und dann beginnt eine Liebe, die nie ein Ende nimmt. Rudolf Nilsen ist in Oslo sehr gegenwärtig, allerdings nur in der Oststadt. Es gibt kein Museum zu seinen Ehren, aber immerhin einen nach ihm benannten Platz. Er war der Dichter der Stadt, viele seiner vertonten Werke sind zu Volksliedern geworden, manche Zeilen von ihm zu Sprichwörtern. Wie es sich für einen echten Asphaltdichter gehört, wurde er nicht alt. Im Jahre 1901 geboren, starb er 1929 in Paris an Tuberkulose, wurde eingeäschert. Seine Asche wurde in einer Geldkassette zur Beisetzung nach Oslo gebracht – ein Bilderbuchfinale für einen aktiven Kommunisten und Arbeiterpoeten! Während seines kurzen Lebens war er mehrmals mit der Polizei in Konflikt geraten, zum Beispiel wegen der »Einfuhr verbotenen Schrifttums aus der Sowjetunion«.

Auf dem Weg zu dem nach ihm benannten Park kommt man durch die Heimdalsgate. Haus Nummer 26 ist eine inzwischen sanierte und mit blauem Schild versehene, 1896 bis 1898 errichtete Mietskaserne (102 Ein-Zimmer-Wohnungen, in denen um 1920 über 400 Menschen lebten). Sie wurde berühmt als Vorbild für Rudolf Nilsens Gedicht »Nr. 13«. Darin beschreibt er das Leben der Bewohner und ihren Kampf ums tägliche Brot. Noch heute kennen wirklich alle in Oslo dieses Lied.

Die Heimdalsgate endet am Rudolf Nilsens plass, der eigentlich eher ein Park ist. Viel Grün, Bäume und Bänke laden ein zu verweilen, es ist wunderbar, bei gutem Wetter dort mit einem Kaffee und einem Buch zu sitzen. Im Winter bietet eine Kunsteisbahn die Möglichkeit, beschwingte Runden zu drehen. In der Parkmitte steht ein Denkmal für den Dichter, das nicht die geringste Ähnlichkeit mit demselben aufweist. In den Sockel ist eine Strophe aus Rudolf Nilsens berühmtem Kampflied »Revolusjonens røst« (»Die Stimme der Revolution«) eingraviert.

Adresse Rudolf Nilsens plass, 0187 Oslo | ÖPNV Straßenbahn 17 bis Heimdalsgata | Öffnungszeiten Mo 15–24 Uhr, alle anderen Tage durchgehend geöffnet | Tipp Rudolf Nilsens Grab auf dem Nordre Gravlund ist gleich bei der Kapelle, die aussieht wie ein typisch norwegisches Gutshaus. Der Grabstein auf dem immer mit bunten Blumen bepflanzten Grab zeigt fröhliche Männer und Frauen bei einer Maidemo.

79 Das SALT

Küstenkultur in der Stadt

Das mit dem Gesalzenen an Oslos angesagtestem Treffpunkt begreift man vielleicht erst bei näherem Hinsehen, doch alles ist perfekt durchdacht von dem samischen Architekten Sami Rintala. Vorbild für den Bau waren die riesigen Gestelle, an denen an den nordnorwegischen Küsten Fische getrocknet wurden. Sie gingen als Stockfische in alle Welt. Daran und an die Kultur der norwegischen Küstenbevölkerungen – samische, quänische, norwegische, finnische und russische Volksgruppen – soll dieses größtenteils aus Treibholz konstruierte Bauwerk erinnern. So sehen die Betreiber selbst ihre Mission: »In unseren zwei Jahren am Kai in Oslo ist SALT zu einem Treffpunkt der Kulturen und Generationen geworden, einem kleinen Kulturdorf mit einem Hauch von nordnorwegischem Fischerdorf, gemischt mit Künstlervierteln von Berlin.« Das klingt natürlich abschreckend, aber das Nordnorwegische überwiegt, das Berlinische lässt sich problemlos ignorieren.

In SALT gibt es vor allem viel Platz, es gibt ein Café, eine Sauna, Imbissstände und einen riesigen Ausstellungsraum. Die Sauna verspricht eine Einführung in die Schwitztraditionen der Vorfahren. Dafür sollte man Zeit mitbringen, es gibt zwei Saunaräume, im größeren ist Platz für 80 Personen, der kleinere ist in einem umgebauten Aquavitfass untergebracht.

Ansonsten gibt es norwegische Spezialitäten wie Waffeln mit Ziegenkäse. Die Imbissbuden bieten eine reiche Auswahl an norwegischen und asiatischen Fischgerichten und US-inspiriertem Grill. Konsumieren kann man das alles im größten Biergarten Oslos (ganzjährig geöffnet).

In der Ausstellungshalle sind junge Künstlerinnen und Künstler aus aller Welt zu sehen, wobei der Schwerpunkt natürlich auf der Kunst der Küstenbevölkerungen liegt – und am Wochenende und manchmal auch zwischendurch gibt es Konzerte, Tanz, Diskussionen, einfach alles.

Adresse Langkaia 1, 0150 Oslo | ÖPNV U-Bahn bis Oslo S (alle Linien) | Öffnungszeiten Gesamtgelände: Mo–Do 11–23 Uhr, Fr–So 11–24 Uhr, Sauna: Mo–Do 15–20.30 Uhr, Sa und So 9–23.30 Uhr, Café Naustet und Streetfood: Mo–Sa 11–23 Uhr, So 11–22 Uhr | Tipp Ein altes Industriedenkmal hat die Modernisierung des ehemaligen Werftgeländes Aker Brygge überlebt und ist wie früher ein Wahrzeichen der Gegend: der Uhrenturm von Aker Brygge. Der metallene Turm wurde 1854 errichtet und rief mit einem Pfeifsignal die Arbeiter zur Schicht.

80_Das Samiske Hus

Norwegens Ureinwohner – und ihr Haus in Oslo

Oslo ist die größte samische Stadt in Norwegen, das ist eine weithin unbekannte Tatsache. Die Sami leben eigentlich im hohen Norden, aber viele zieht es eben in die Stadt. Sie kommen zum Studium, zur Berufsausbildung, um sich Arbeit zu suchen, und so gibt es samische Gottesdienste, einen samischen Kindergarten, in einigen Schulen muttersprachlichen Unterricht und eben das Samische Haus, Samisk Hus. Hier werden Sprachkurse angeboten, Gesprächskreise zu einer Vielfalt von Themen, es wird Beratung bei Wohnungs- und Arbeitssuche und beim Schutz vor Diskriminierung geleistet, politische Aktionen werden vorbereitet.

Denn die Sami als indigene Bevölkerungsgruppe sind zwar auf dem Papier vor Diskriminierung geschützt, der Alltag aber sieht anders aus. Wenn das Sameting, ihre politische Vertretung, erklärt: »Wir wollen nicht, dass internationale Firmen in samischen Weidegebieten Seltene Erden abbauen, weil das die Lebensgrundlage der Rentierzüchterfamilien zerstören würde« und die norwegische Regierung dennoch die Schürfrechte vergibt (das ist ein Beispiel aus der aktuellen Gegenwart), sammeln sich die Sami im Samisk Hus in Oslo und planen Protestaktionen.

Das Samische Haus ist also keine Touristenattraktion, wo man gemütlich Kaffee trinken und Fotos machen kann. Aber ein Besuch lohnt sich dennoch. Im Foyer gibt es immer Ausstellungen aktueller samischer Künstler und Künstlerinnen, es finden regelmäßig Musikveranstaltungen und Buchvorstellungen statt, zu denen auch nichtsamische Gäste immer willkommen sind. Und wenn nicht gerade eine lebenswichtige Aktion vorbereitet wird und alle deshalb schrecklich beschäftigt sind, freuen sich die im Samisk Hus arbeitenden Menschen auch einfach über Besuch von auswärts und berichten gern über die Situation der Sami in Nordeuropa und natürlich vor allem in Oslo.

Adresse Samisk Hus, Dronningens Gate 8B, 0151 Oslo | **ÖPNV** Bus 31, 32, 54, 70 bis Kvadraturen | **Öffnungszeiten** Mo–Fr 12–16 Uhr | **Tipp** Sie müssen einfach samische Musik hören oder ein samisches Buch mit nach Hause nehmen. Samische CDs gibt es unter anderem bei Platekompaniet im EKS Oslo City.

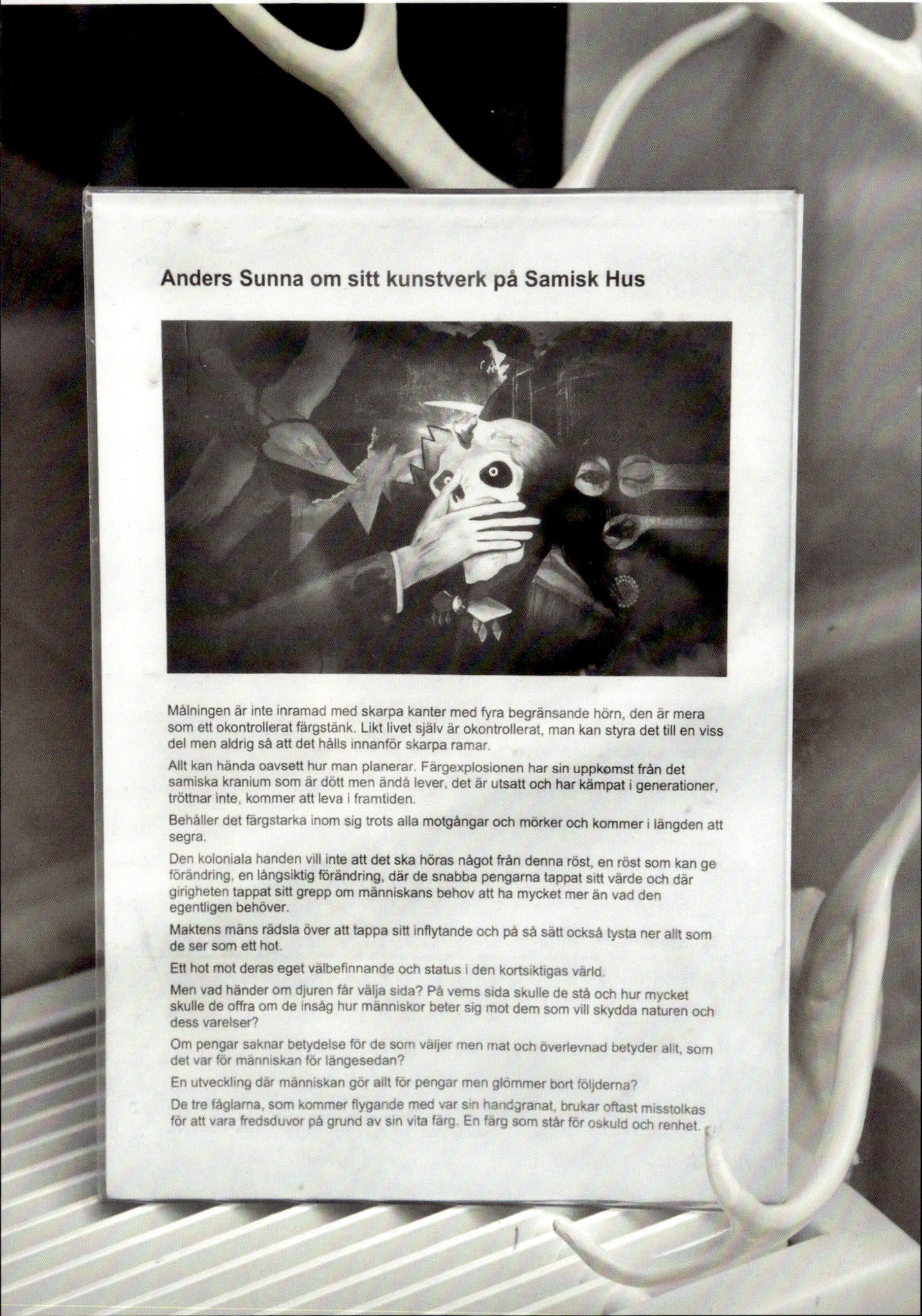

81 Das skandalöse Bild

Als der Botschafter streikte

1981 gab es in Kiel eine große Ausstellung zeitgenössischer norwegischer Malerei. Dazu reiste der norwegische Botschafter aus der damaligen Bundeshauptstadt Bonn an und wollte erzählen, welche Ehre es sei, die erste Ausstellung dieser Art seit der Zeit, als Edvard Munch noch zeitgenössisch war, feierlich eröffnen zu dürfen. Aber dann fiel sein Blick auf ein bestimmtes Bild, und der Botschafter erklärte: »Solange dieses hier hängt, halte ich keine Eröffnungsrede.« Die Kieler Kunsthalle berief sich auf die Freiheit der Kunst, außerdem war die Ausstellung von Kuratoren in Norwegen zusammengestellt worden. Die norwegische Botschaft bestand darauf, neben dem Bild ein Hinweisschild anzubringen: »Diese Darstellung der Ereignisse stimmt nicht mit der der norwegischen Regierung überein.« Es ging um den gewaltigen, 3,24 mal 2,62 Meter großen »Mord an Andreas Baader« von Odd Nerdrum.

Odd Nerdrum, schon damals einer der einfluss- und erfolgreichsten norwegischen Maler, hatte dieses Bild 1978 geschaffen. Nerdrum orientiert sich in Farbgebung und Komposition an niederländischen alten Meistern, vor allem an Rembrandt. Sein Gemälde stellt Andreas Baader dar wie einen frühchristlichen Märtyrer. Nur mit einem Lendenschurz bekleidet, wird er von Henkersknechten zur Hinrichtung gezerrt. Im Hintergrund der Auftraggeber, ein Mann in Schlips und Kragen und Trenchcoat. Dieser Mann hat das Gesicht des Unternehmers und Finanzmannes Trygve Hegnar, noch heute eine der wichtigsten Persönlichkeiten der norwegischen Wirtschaft. Der Wutausbruch des norwegischen Botschafters bescherte dem Bild natürlich besonders viel Aufmerksamkeit. Im Laufe der Jahrzehnte geriet es dann in Vergessenheit, aber egal, wie man zu den historischen Geschehnissen im Deutschen Herbst stehen mag, einen Besuch ist es immer noch wert. Zu sehen ist es im Astrup Fearnley Museum für zeitgenössische Kunst auf der Halbinsel Tjuvholmen.

Adresse Astrup Fearnley Museet, Strandpromenaden 2, 0252 Oslo | ÖPNV Bus 54 bis Tjuvholmen | Öffnungszeiten täglich 13–17 Uhr | Tipp Im neuen Stadtteil steht der Aussichtsturm Tjuvtitten, also »Heimlicher Blick«. Der Turm auf dem Albert Nordengens plass ist mit seinen 54 Metern der höchste Punkt weit und breit und bietet eine phantastische Aussicht über die Osloer Innenstadt und die ehemaligen Hafenviertel.

82 Sogn Jerngruve

Ein Bergwerk fast mitten in der Stadt

Ein frühes Industriedenkmal im Osloer Stadtgebiet ist wirklich eine Sehenswürdigkeit. Die Eisengrube von Sogn wurde 1530 in Betrieb genommen. Das Land gehörte damals der Kirche, als erster Besitzer und treibender Geist hinter dem neuen Unternehmen wird der offenbar nicht sonderlich fromme Propst Harald Krabbe genannt. Der dänische König gestattete die industriellen Aktivitäten des Kirchenmannes zuerst, dann ließ er das Land enteignen, damit der Gewinn der Krone zuflösse.

Erst 1907 wurde der Betrieb als unrentabel eingestellt. Weil es in Norwegen damals noch keinen Bergbau gab, wurden Kumpel aus dem Harz angeworben. Abgebaut wurden Eisenerz und Magnetit, früher auch Magneteisenstein genannt. Es gibt noch immer Magnetitvorkommen, aber der Abbau lohnt sich nicht mehr.

Wer die Grube besuchen will, sollte unbedingt einen Magnet in der Jackentasche haben – ein Hauptvergnügen bei Besuchen ist es nämlich, diesen an die Wand zu halten, schon hängt er fest! Das geht allerdings nur im Eingang zur alten Grube. Die tief in den Boden führenden Gänge sind mit kräftigen Gittern versperrt, damit sich kein abenteuerlustiger Besucher darin verirren kann.

Durch ein Bogengewölbe betritt man – falls man sich von der Magnetspielerei an der Wand losreißen kann – den Vorraum des Bergwerks und steht dann sehr rasch vor dem Gitter. Dort wurden die aus dem Grubeninneren gebrachten Felsbrocken nachts in riesigen Feuern geläutert, um Erz und Gestein voneinander zu trennen. Damit der dabei entwickelte Rauch nicht in die Grubengänge zog und das Arbeiten am nächsten Tag unmöglich machte, wurden zwei Meter tiefe und 1,5 Meter breite Löcher in die Grubendecke gebohrt. Die Löcher sind noch vorhanden und gehören ebenfalls zum Komplex des Industriedenkmals Sogn Jerngruve. Aber keine Angst, hineinfallen können Sie nicht, die sind allesamt vergittert.

Adresse mitten im Wald gelegen, in Østmarka, in der Nähe von Sognsvann | ÖPNV U-Bahn-Linie 5 bis Sognsvann, dort den Hinweisschildern folgen, Fußweg circa 10 Minuten | Öffnungszeiten rund um die Uhr | Tipp Von der Haltestelle aus den anderen Hinweisschildern zum Sognsvann folgen: Sie führen zu einem idyllisch gelegenen Badesee, umgeben von einem barrierefreien Wanderweg und einem Radrundweg.

83__Soria Moria

Märchenschloss mit kulturellem Angebot

Soria Moria, so heißt das Schloss in den norwegischen Märchen, das der jeweilige Held erreichen muss, um sein Glück zu machen und die Prinzessin zu befreien. Der Name ist sprichwörtlich geworden und bezeichnet ein Traumziel oder einen unvorstellbar prachtvollen Anblick. Wenn ein Haus also Soria Moria heißt, dann erwarten wir mit Fug und Recht etwas Besonderes – und werden nicht enttäuscht.

Das Kulturschloss (so die offizielle Bezeichnung) Soria Moria könnte jederzeit als Märchenkulisse durchgehen. Der rote Prunkbau mit gewaltig hohen Säulen zu beiden Seiten des Eingangs wurde 1928 nach einem Entwurf des Architekten Thorvald Astrup erbaut – was erstaunt zu einer Zeit, als in Oslo eher der Bauhausstil dominierte. Er war als Kino konzipiert, hatte 1.012 Sitzplätze und bot im eher kargen Ostteil der Stadt für viele ein paar Stunden Flucht aus dem harten Alltag. Oslos Asphaltdichter Rudolf Nilsen schrieb damals: »Gerade hier im Osten, wo alles grau in grau ist, können wir so ein wunderschönes Traumschloss brauchen.«

Damit Unterhaltung und Bildung Hand in Hand gingen, wurde zunächst auch eine Filiale der Osloer Stadtbibliothek hier untergebracht. Die zog 1977 aus, und die Räumlichkeiten wurden von der experimentellen Theatergruppe Torshov teater übernommen.

Das Kino wurde 2008 unter gewaltigem Protest im Viertel stillgelegt, der alte Kinosaal und die umliegenden Räumlichkeiten wurden von einer Konzertagentur erworben, die alles im Originalstil restaurieren ließ und den Saal nun für Konzerte und andere größere Veranstaltungen nutzt.

Seit 1996 heißt das Gebäude offiziell »Kulturschloss Soria Moria«, und da Kultur ja ein weiter Begriff ist, haben auch etliche Kneipen hier eine Heimat gefunden. Besonders beliebt ist Magneten Pub, wo es oft Livemusik gibt, alles von Country über Punk zu schwedischem Schweinerock.

Adresse Vogts gate 64, 0477 Oslo | **ÖPNV** U-Bahn-Linie 5 bis Grefsen | **Tipp** Vor dem Schloss stehen bleiben, den Anblick auf sich wirken lassen und eins der berühmten »blauen Schilder« bewundern (siehe Ort 11).

84 Der Sota-Kiosk

Einer von Oslos verwahrlosten Schätzen

Der Sota-Kiosk ist eins der Wahrzeichen des Osloer Stadtteils Vålerenga und steht als solches unter Denkmalschutz. Da so ein Status in Oslo nicht unbedingt Schutz bietet, droht auch dem Sota-Kiosk die Abrissbirne. Die Baugesellschaft OBOS hat die benachbarten Grundstücke gekauft und plant den Bau mehrerer eckiger Wohnblocks, da stört so ein Kiosk, also soll er weg. Das aber wollen die Bewohner der Umgebung nicht dulden. Der Kiosk ist der Treffpunkt der Nachbarschaft. Obwohl er sehr klein ist, drängt sich die Kundschaft davor und auf der Straße.

Architektonisch gesehen ist er möglicherweise kein Juwel, aber das rot-blau gestrichene Hexenhäuschen mit dem spitzen Wellblechdach gilt als ein Musterbeispiel für die Kioske der 1920er Jahre und war sozusagen beispielgebend für viele andere. Nicht alle sehen das so, nicht weniger als viermal, seit um sein Weiterleben gekämpft wird, musste die Feuerwehr ausrücken, weil Flammen aus dem Dach schlugen. Jedes Mal war es nachweislich Brandstiftung, nie konnte ein Täter ermittelt werden. Nun wird der Kiosk bewacht, regelmäßig gibt der Männergesangverein von Vålerenga Konzerte davor, und die OBOS hat mit sich reden lassen. Zwar steht der Kiosk immer noch im Weg, aber er soll erhalten, restauriert und um die Ecke wieder aufgestellt werden. Eine Wurst können wir hier derzeit also nicht verzehren.

Ein Foto aus den 1950er Jahren im Stadtteilarchiv zeigt das Häuschen samt einem Plakat, auf dem das Warenangebot aufgeführt ist. Mit dem hinreißenden Schreibfehler »Varme Røeser« statt »Varme Pølser«, also heiße Würstchen. »Varme Røeser« bedeutet gar nichts, klingt aber komisch. Weil die gesamte Nachbarschaft von diesem Fehler so begeistert war, blieb das Plakat ewig hängen. Alle, die länger dort wohnen, können eine Geschichte über den Kiosk erzählen – und nach unserem Besuch dort können wir das hoffentlich auch.

Adresse Etterstadsgate 4, 0658 Oslo | **ÖPNV** Bus 37, 300 bis Etterstadsgate | **Tipp** Einfach bis zum Ende der Straße gehen, dann in die Danmarksgate einbiegen. Sie hat ihren alten Charakter absolut beibehalten, viele bunte Holzhäuser nebeneinander, man kommt sich wirklich vor wie in einem dänischen Dorf. Für Oslo einzigartig!

85 Spaziergang am Akerselv

Wenn es mal reicht mit der Idylle

Es gibt Leute, denen zu viel Idylle auf die Nerven geht – und viele, die eine Hafenstadt wie Oslo besuchen, möchten dann auch Hafenanlagen und Industriegebiete sehen. Was aber in Oslo immer schwieriger wird, die alten Hafenviertel werden gentrifiziert, die verbliebenen Industrieanlagen aus der Stadtnähe verbannt oder hinter hohen Mauern versteckt. Eines der letzten innerstädtischen Hafengebiete ist das der Insel Sjursøya gegenüber liegende Ufer. Ein Spaziergang am Akerselv bietet sich an, und hier ist noch nichts zu sehen vom hippen neuen Oslo.

Der Weg führt vorbei an Öltanks und am Autoimporthafen, dann weiter in Richtung Bekkelaget, danach sollte man in Richtung Gamlebyen und Ruinenpark abbiegen. Die Hauptstraße hier ist Kongshavnveien, sie führt von der Mündung der Alnaelva im Norden bis zum Ormsundvei im Süden, parallel zum viel befahrenen Mossevei, wie die E18 auf diesem Streckenabschnitt heißt. In keiner der beiden Straßen weisen Osloer Stadtführer auch nur die geringste Sehenswürdigkeit aus.

Die heutige Halbinsel Sjursøya hätte durchaus zu einer der vielen Inselidyllen werden können. Der in Norwegen als moderner Klassiker viel gelesene Autor Johan Borgen (1902–1979) beschreibt die Insel als verlorenes Paradies mit versteckten Stränden, düsterem Nadelwald, Villen mit beängstigenden Drachenschnitzereien, kleinen Pensionen für Sommergäste und einer reichen Vegetation – die verdankte Sjursøya den Mönchen auf Hovedøya, die die kleinere Insel als zusätzlichen Garten nutzten. Noch vor 100 Jahren hatte Sjursøya den Beinamen »Professoreninsel«, weil die Osloer Gelehrten sich über den Sommer gern bei den hiesigen Fischerfamilien einmieteten.

Von alldem ist keine Spur mehr vorhanden. Öltanks, Containerschiffe, Bulkcarrier, Kräne, Lastwagen, gewaltige Hafenspeicher, es gibt eine Menge zu sehen – leider keine Führungen und keine Besichtigungsmöglichkeiten, Oslos wichtigste Hafenanlagen können nur aus der Ferne bewundert werden.

Adresse 0193 Oslo | ÖPNV Bus 81, 83 bis Kongshavn | Tipp Am anderen Ende des Spaziergangs (wenn man am Kongshavnvei loswandert) könnte man einen der inzwischen an die 20 Osloer »Bücherkioske« aufsuchen. Mit diesem schönen Namen werden umgewandelte Telefonzellen bezeichnet, eine der schönsten ist die bei der Straßenbahnhaltestelle Kjelsås. Das System ist dasselbe wie überall: Ausgelesene Bücher werden hineingestellt, wer will, nimmt ein oder mehrere Bücher aus dem Angebot mit nach Hause.

86 Der spukende Pfarrhof

Oslos einziges Spukhaus

Leikanger liegt in Westnorwegen, 1914 wurde dort ein alter Pfarrhof abgerissen und ins Osloer Freilichtmuseum auf der Halbinsel Bygdøy transloziert. Als ungebetener Gast siedelte ein spukender Geist mit nach Oslo über – Beweis genug, dass es sich um einen Prachtbau handelt. Allein deshalb lohnt sich der Besuch.

Man tritt durch die reich verzierte Eingangstür und sieht rechts die »Herrenkammer«. Dort wurden Bischöfe, die zur Visite durch ihr Bistum reisten, und andere vornehme Reisende untergebracht, die Räumlichkeiten erinnern an eine elegante Suite mit Galerie. Die Wohnung der Pastorenfamilie im selben Gebäude ist da fast bescheiden, um 1820 wurde sie im damals hochmodernen klassizistischen Stil neu eingerichtet. Die riesige Küche zeigt, wie viel Gesinde auf dem alten Pfarrhof zu bekochen war.

Aber so interessant das alles ist, die wahre Attraktion ist natürlich der Spuk. Der geht nachts im Pfarrgarten zwischen den prachtvollen alten Bäumen um, aber die Beobachtungen widersprechen einander, ob er nun in der Geisterstunde sein Unwesen treibt oder in der Stunde unmittelbar vor der Dämmerung. Ebenfalls unklar ist, wer er war, ehe er zum Spuk wurde, und warum er eigentlich umgeht. Man sollte bei einem Pfarrhaus ja denken, dass es ein Pastor war, der irgendwelche schrecklichen Sünden büßen muss, aber die Museumsleute berichten, dass der Spuk absolut nicht auf christliche Symbolik reagiert, wie es von einem Geistlichen doch zu erwarten wäre.

Vielmehr scheint hier ein Deildegast umzugehen – ein »Teilgeist«, jemand, der zu seinen Lebzeiten einen Grenzstein versetzt hat, um seinem Nachbarn ein Stück Land zu stehlen. Der Deildegast muss nach seinem Tod umgehen und versuchen, den Stein richtig zu stellen. Wenn jemand ihn fragt: »Was machst du hier eigentlich?«, darf er den Stein absetzen und ist erlöst.

Adresse Norsk Folkemuseum, Museumsveien 10, 0287 Oslo | ÖPNV Bus 30 bis Folkemuseet | Öffnungszeiten täglich 10–17 Uhr | Tipp Das Restaurant Lille Herbern, auf der Insel Lille Herbern gelegen, ist ein idyllisches Gartenrestaurant, Spezialität: Fischgerichte.

87 Der Steinpark

Ein Park als Scheidungsgrund

Am Steinpark im Botanischen Garten scheiden sich die Geister – »der schönste Ort in Oslo«, sagen die einen. »Scheidungsgrund«, erklärte ein wütender Mann, weil die Gattin zu lange zwischen den Felsen lustwandelte, »da kann ich auch gleich in einen Steinbruch gehen!« Nicht einmal der Anblick von Blau- und Preiselbeeren konnte ihn erweichen.

Der offizielle Name dieser Anlage ist »Fjellhagen«, also Gebirgsgarten, das erklärt die vielen Steinbrocken. Hier ist ein Stück norwegische Hochgebirgsnatur nach Oslo geholt worden, es gibt kahle Felskuppen, steinige Anhöhen und winzige Geröllhalden, dazwischen grasbewachsene Hänge und Talsenken. Ein fröhlicher Bach mit absolut echt aussehenden kleinen Wasserfällen fließt hindurch, und – das steht in den offiziellen Infos zur Anlage – es sind wirklich jede Gesteinsart und jede Pflanze vertreten, die in den norwegischen Gebirgen vorkommen. Sogar ein Stück Moor wurde hierherverlegt, es befindet sich bei dem kleinen Weiher am Fuße des Steingartens, hier wächst der giftige lappländische Sumpfporst (darf ebenfalls nicht gepflückt werden).

Wenn man sich gar nicht mit dem Hochgebirge anfreunden kann, bietet der Botanische Garten natürlich auch eine Menge anderer Unterhaltung: Es gibt ein Palmenhaus mit exotischen Pflanzen, lange Spazierwege unter Bäumen aller Art, Beete voller norwegischer und exotischer Blumen, fast alle gezogen von in Norwegen vorgefundenen Samen. Alle Gewächse hier sind winterfest, stehen also rund um die Uhr im Freien. Vor allem im Frühling und Winter ist die Blütenpracht umwerfend.

»Der Botanische Garten ist eine Schatztruhe«, schrieb eine Bewunderin ins Gästebuch. Das stimmt, und Fjellhagen ist zweifellos der kostbarste Edelstein der Sammlung. Im Sommer gibt es regelmäßige Führungen, auf denen man alles über die Steine und die Geschichte dieser prachtvollen Anlage erfährt.

Adresse Sars' gate 1, 0562 Oslo | **ÖPNV** Bus 31 bis Sars' gate | **Öffnungszeiten** täglich 7–17 Uhr | **Tipp** Das Café Handwerk im Botanischen Garten: Hier wird alles frisch gemacht, die Zutaten stammen aus nachhaltigem Anbau aus der Region. Das Angebot variiert je nach Jahreszeit.

88 Der Stier von Torshov

Oslo ist nicht nur Tigerstadt

Den Stier von Torshov findet man in deutschsprachigen Osloinfos oft als »Ochsen«, was aber eine Schmach für dieses stolze Tier ist. »Okse« auf Norwegisch bedeutet wirklich »Stier«! Warum sich im Osloer Stadtteil Torshov dieser Stierkult verbreitet hat, ist eine ungeklärte Frage. Der Name Torshov geht zurück auf eine dem nordischen Gott Thor (der mit dem Donner) geweihte Kultstätte, und Thor tritt ja nun mal der Mythologie zufolge mit zwei Widdern auf. Egal, der Stier thront in Torshov und ist ehrlich gesagt 1.000-mal beeindruckender als der Tiger am Hauptbahnhof (siehe Ort 68).

Er ist auch älter: Seit dem 1. Mai 1929 prangt der bronzene Stier samt seinem Springbrunnen auf dem Hegermannsplass – das Datum ist kein Zufall, Torshov war lange ein reiner Arbeiterstadtteil. Geschaffen wurde die Skulptur von der damals sehr jungen Bildhauerin Asbjørg Borgfeldt (1900–1976), was gewaltiges Aufsehen erregte: Darf man denn einer Frau, noch dazu einer so jungen, ein dermaßen symbolträchtiges Werk anvertrauen? Die Kritiker verstummten angesichts des stolzen Stieres, das Kunstwerk wurde zum Wahrzeichen von Torshov, und der lokale Fußballverein Skeid Oslo bekam den Spitznamen »Skeidokser«.

Nicht weit vom Stier entfernt liegt Torshovdalen, ein großer Park, der in einer natürlichen Bodensenke angelegt ist – hoch über der Osloer Innenstadt gelegen, vermittelt er ein gewisses Hochgebirgsgefühl. In Torshovdalen befindet sich Oslos größte Skaterrampe, 14,4 Meter breit, die ständig ausgebaut und immer breiter wird. Im skulpturenreichen Oslo hat natürlich auch dieser Park sein berühmtes Standbild: den »Kopf« (»Hodet«), geschaffen 2014 von der Bildhauerin Marianne Heske (geboren 1946) – inzwischen regt sich niemand mehr auf, wenn eine Künstlerin einen öffentlichen Auftrag erhält. Ihr riesiger Puppenkopf aus Bronze schaut mit leicht vergrätzter Miene auf Stadt und Fjord hinab.

Adresse Torshovdalen, Hegermannsplass, 0475 Oslo | ÖPNV U-Bahn-Linie 5 bis Grefsen | Tipp Damit der namensgebende Gott nicht zu kurz kommt, gibt es seit 2017 in Torshovdalen eine Skulptur seiner beiden Widder, Tanngnjost (der Zähneknirschende) und Tanngrisne (der mit der Zahnlücke), die ihrem Herrn tagsüber niemals von der Seite wichen. Abends wurden sie geschlachtet und verzehrt, um am nächsten Tag in alter Frische wieder zur Stelle zu sein.

89 Der Stenspark

Ein Pissoir unter Denkmalschutz

Im Stadtteil Bislett liegt der Stenspark, ein stiller, ruhiger Park mit vielleicht ein wenig steilen Hängen. Im Norden erhebt sich der Hügel Blåsen (in etwa: der Windige), der einen wunderbaren Ausblick auf St. Hanshaugen bietet. Es gibt ein Parkcafé, viele weitere Cafés und andere Gaststätten in den umliegenden Straßen. Wunderbar, hier im Sommer auf einer Bank oder bei einem Kaffee zu sitzen und ein Buch, die Sonne, das Leben ganz allgemein zu genießen. Der Park wurde 1890 angelegt und erhielt nach etlichen Veränderungen um 1940 seine heutige Form.

In der Völkerwanderungszeit lag hier eine kleine Burg, es sind noch Reste der alten Wälle vorhanden, sie sind allerdings nicht gekennzeichnet und schwer zu finden. Im 19. Jahrhundert hieß das spätere Parkgelände Rabenhügel, die Raben fühlten sich hier wohl, da der südliche Teil als Müllhalde genutzt wurde. Auch der Inhalt der Osloer Plumpsklos wurde hier entsorgt. Anstelle der alten Müllkippe ist heute ein drei Meter hohes steinernes Denkmal für die norwegische Literaturpreisträgerin Sigrid Undset (1882–1949) zu bewundern.

Die große Attraktion im Stenspark ist jedoch sein Pissoir! Es befindet sich im Südteil, beim Eingang Sporveisgata, und gilt als ein Meisterwerk des funktionalistischen Architekten Harald Aars (1875–1945). Das Pissoir wurde 1937 eingeweiht und bald zum Treffpunkt für die Osloer Schwulenszene. Aufgrund seiner runden Form erhielt es schöne Spitznamen wie »Liebeskarussell«, »Glücksrad«, »Sonnenschirm«. Diese klangvollen Namen können allerdings nicht darüber hinwegtäuschen, dass es Schauplatz vieler Tragödien war: Bis 1971 war männliche Homosexualität in Norwegen streng verboten, und die Polizei fand sich hier gern zu Razzien ein. Seit 2009 steht es unter Denkmalschutz – aus architektonischen Gründen und wegen seiner besonderen Bedeutung für die queere Geschichte der Stadt.

Adresse Pilestredet 81, 0354 Oslo | ÖPNV Straßenbahn 18, Eingang Stensgate | Öffnungszeiten rund um die Uhr | Tipp Sozusagen gleich um die Ecke liegt das Fußball-/Leichtathletikstadion Bislett, eröffnet 2005. Wichtig und unvergessen ist der Vorgänger, das alte Bislettstadion, das auch eine Eissportanlage enthielt. Es wurde 1917 bis 1922 erbaut und galt als eine der schönsten Sportanlagen der Welt.

90_Der Syverkiosk

Die oscarreife Würstchenbude

Syverkioskfans erzählen gern, der Kiosk sei im Film »Lieb mich morgen« ein wichtiger Schauplatz gewesen, da sich Elling, der tollpatschige Held der Geschichte, hier in die Würstchenverkäuferin Lone verliebt. Leider stimmt das nicht, die Würstchenbude im Film ist einfach eine für die Aufnahmen gefertigte Kulisse. Der Kiosk im Film war allerdings nicht so schön bemalt – der Syverkiosk bietet den Graffitikünstlern der Umgebung die Gelegenheit, ihre ständig wechselnden Werke zu zeigen. Heute ist er die einzige verbliebene hölzerne Würstchenbude in Oslo.

Wie lange der Kiosk dort schon steht, ist unklar. Einige Quellen behaupten, seit Anfang der 1950er Jahre. »Ganz falsch«, erklärt Erlend, der jetzige Besitzer, das älteste ihm bekannte Foto sei von 1936, und da sah Syver'n (wie er auch genannt wird) genauso aus wie heute. Und die Großmutter des Besitzers bewirtete sonntags die Stammkundschaft mit selbst gebackenen Waffeln!

Erlend hat bereits mit 13 Jahren angefangen, im Kiosk zu arbeiten, er hat das sagenumwobene Rezept für die Würstchen zusammen mit dem Kiosk von seinem Vater übernommen. »Auf die Brühe kommt es an«, so seine Lehrmeinung. Welche Zutaten er in die Brühe gibt, verrät er natürlich nicht. Neben den üblichen Beilagen gibt es inhaltsreiche Pilzsoßen, Erlend geht nämlich in der Saison eigenhändig auf Pilzsuche und stellt entsprechend der Ausbeute seine Pilzbeilagen her. Besonders zu empfehlen: die Pfifferlingsoße!

Syver'n ist nicht nur Oslos einziger hölzerner Kiosk, sondern auch der einzige mit einem eigenen Mini-Musikfestival – so mini, dass es keine Website hat, Infos gibt es am Kiosk. Jeden Sommer gibt es »Music on the roof«. Und zwar genau einen Tag. Die Bands kommen aus den Stadtteilen Sagene und Grünerløkka, denn der Kiosk steht genau auf der Grenze, und sie spielen wirklich auf dem Dach!

Adresse Maridalsveien 45B, 0175 Oslo | ÖPNV Buslinien 21, 33, 34, 54 bis Alexander Kiellands plass | Öffnungszeiten Mo–Fr 10–23.30 Uhr, Sa und So 12–23.30 Uhr | Tipp Bleiben Sie einfach auf dem Platz: viel Grün, ständig neue kleine Cafés und Boutiquen. Fast 100 Jahre alt ist das ehemalige Restaurant Tranen, jetzt eine Filiale der Bäckereikette Åpent Bakeri, innen herrscht aber unverändert der Charme von 1921.

91 Teddy's Soft Bar

James Dean in Oslo?

Teddy's Soft Bar, das klingt nach Cola und 1950er Jahre, wir sehen die Jungs richtig vor uns, wie sie total cool da vor der Musikbox (ungelogen, eine echte Wurlitzer!) rumlungern … und so war es damals auch gemeint. Ein wenig »Denn sie wissen nicht, was sie tun«, und jeder Zeit könnte Jimmy Dean durch die Hintertür hereinkommen.

Die Bar wurde 1958 eröffnet. Ein Großteil der Einrichtung ist erhalten, ein Besuch hier ist also ein bisschen wie eine Zeitreise. Wie der Name sagt, wurden damals nur Sprudelgetränke, Softeis und ähnliche exotische Delikatessen serviert – das hat sich geändert, die blaue Markise über der Eingangstür dient als Speisekarte: Meeresfrüchte, Eis, Milchshakes, Hot Dogs, Wein und »Essen à la carte« werden angeboten – und drüber thront das Bild des namensgebenden Teddys, der unter seinem Piccolohut strahlend und dienstbeflissen lächelt.

Der Schankraum ist ziemlich klein. Wenn man keine Lust hat, beim Bier in ein Gespräch verwickelt zu werden, wird man hier vielleicht nicht ganz glücklich (wird allerdings auch nicht wegen erwiesener Gesprächsmuffeligkeit des Lokals verwiesen). Teddy's Soft Bar ist möglicherweise kein Aufenthaltsraum für zarte Gemüter. Dass sich hier seit ewigen Zeiten kaum etwas verändert hat, bezieht sich nämlich nicht nur auf die Einrichtung. So beschrieb es ein Stammgast: »Es ist wunderbar in dieser legendären Szenekneipe. Man kommt rein, und da ist gleich dieser wunderbare Geruch, ranziges Öl und der Tabakqualm von Jahrzehnten!« Und das nach fast 20 Jahren Rauchverbot! Die Toiletten sind auf dem Hinterhof und werden ihrem Ruf als die vergammeltsten Klos von ganz Oslo absolut gerecht.

Eine größere Attraktion sind aber vielleicht die Konzerte, die in kleinem Kreis (ist ja nicht viel Platz) von den Musikern unter Teddys Stammkundschaft ab und zu in der Kneipe veranstaltet werden.

Adresse Brugata 3A, 0186 Oslo | ÖPNV Bus 34, 54 bis Hammersborggata | Öffnungszeiten Mo–Do 14–24 Uhr | Tipp Einfach vor und nach dem Bier im Teddy's durch die Brugate spazieren. Die Straße zeigt, wie das alte Christiania immer weiter gewachsen ist und sich verändert hat. Neben einem Fachwerkhaus aus dem 18. Jahrhundert steht das berühmte Haus Den Røde Mølle (»Die rote Mühle«) von 1870, ursprünglich ein Varieté, der Name sagt es, heute ein Restaurant.

92 Telthusbakken

Wo selbst Munch romantisch wurde

Gleich neben Damstredet liegt Telthusbakken, außerhalb Oslos bekannt durch ein Gemälde von Edvard Munch, das eine idyllische, fast ländliche Häuserzeile unterhalb einer Kirche zeigt. Diese Kirche, die Gamle-Aker-Kirche, liegt mitten in einem Friedhof. Alles rundum ist grün, man rechnet geradezu damit, dass gleich ein Bauer mit seinem Gespann durch das Bild fährt. Meistens will niemand glauben, dass dieses Idyll wirklich von dem düsteren, zerrissenen Munch stammt.

Telthusbakken verdankt seinen Namen einem »Zelthaus«, einem von der Armee genutzten Zeughaus, die im 18. Jahrhundert möglichst weit von der damaligen Innenstadt entfernt errichtet wurden, um bei eventuellen Explosionen keinen allzu großen Schaden anrichten zu können. Hier, in der alten Vorstadt Bergfjerdingen, wurden noch vor 1800 Hütten und Baracken errichtet von Leuten, die auf Arbeitssuche in die Stadt geströmt waren, sich dort aber keine Unterkunft leisten konnten. Die ersten pittoresken Holzhäuser wurden erst ab 1815 errichtet, als die Obrigkeit die »wilden Siedler« vertrieben hatte und dafür sorgte, dass Neubauten vorschriftsmäßig ausgestattet waren. Noch immer ist Telthusbakken nur auf einer Seite bebaut, auf der anderen liegt die Schrebergartenanlage Ekebergløkka, was die Gegend ideal für Spaziergänge macht.

Anders als in Damstredet scheinen in Telthusbakken rein gar keine bedeutenden Persönlichkeiten gewohnt zu haben, auch blaue Schilder suchen wir hier vergebens, alles ist reine, bunte und unverfälschte Idylle. Der Spazierweg vorbei an den Gärten heißt nicht umsonst Kjærlighetsstien, »Liebespfad«. Die sehr beliebte norwegische Popgruppe DeLillos aber erwähnt Telthusbakken in einem Lied über verlorene Liebe (»Glemte Minner«): »Gut, dass ich nicht mehr weiß, dass ich sie nach Hause gebracht habe … wo hat sie noch gewohnt? Telthusbakken 5?«

Adresse Telthusbakken, 0177 Oslo | ÖPNV Bus 34, 54 bis Telthusbakken | Tipp Das Beckers war ein Wirtshaus in Grünerløkka. In dem roten Steinhaus befand sich von 1956 bis 1999 ein Lokal, das der absolute Sammelplatz der Umgebung war. Der Namenszug Beckers ist über der Tür noch vorhanden (der steht nämlich unter Denkmalschutz!). (Nordre gate 16, 0551 Oslo, Straßenbahnen 11, 12, 13 bis Schous plass)

93_Theatercaféen

Theatercafé mit Schrammelmusik

Theatercaféen, so heißt das berühmteste Café von Oslo und eigentlich von ganz Norwegen. Es ist ein echtes altes Jugendstilcafé, angeblich gibt es in Europa nur noch vier von der Sorte. Seit 1909 befindet es sich im Besitz der Familie Brochmann und wird immer in weiblicher Linie vererbt. Im Theatercafé waren sie alle, Knut Hamsun, Oda Krohg, die Leute vom Nationaltheater gegenüber, jede Menge Prominenz aus Kultur und Politik (nur Ibsen nicht, der spazierte ins Grand Café auf der anderen Straßenseite). Es ist allerdings nicht ganz billig, und ab dem späten Nachmittag herrscht Speisezwang. Die Kellner, grantig wie die echten Wiener Kaffeehausober, kennen da kein Pardon. Aber schon mit der Bitte um ein Käsebrot sind sie zu besänftigen.

Jeden Nachmittag ab etwa 17 Uhr spielt auf einer Art Galerie eine Kapelle Wiener Musik. Echte Schrammelmusik. Vielleicht ist das Osloer Theatercafé der Ort auf der Welt, wo die echteste Wiener Schrammelmusik zu hören ist, echter und ursprünglicher als in Wien selbst. Die Schrammelmusik heißt nämlich nicht so, weil sie eben so klingt wie Schrammeln und Schunkeln, sondern sie heißt so nach Josef und Johann Schrammel, die um 1880 die Wiener Kaffeehausmusik entscheidend prägten. 1890, auf der Höhe ihres Ruhmes, brachen sie zu einer ausgedehnten Tournee durch Schweden und Norwegen auf und hinterließen ihre musikalischen Spuren. Volksmusiker in beiden Ländern übernahmen begeistert den Schrammelstil, bald prägte der Walzertakt auch die ländliche Tanzmusik.

Weil hier – anders als in Wien – keine neuen Einflüsse das Repertoire und den Stil der Hauskapelle aufmischten, wird noch heute so gespielt wie bei der Eröffnung des Cafés vor 120 Jahren. Und so kommt es, dass man in Oslo ganz unverfälschte Wiener Schrammelmusik hören kann, zu Käsebrot, Rentierbraten oder norwegischen Fischspezialitäten.

Adresse Stortingsgata 24–26, 0117 Oslo | ÖPNV alle U-Bahn-Linien, Straßenbahnlinien 13, 19 bis Nationaltheatret | Öffnungszeiten Di–Sa 12–22.30 Uhr | Tipp Die Toilette des Theatercafés ist eine Attraktion für sich. Treppe, Eingang, alles ebenfalls wunderbarer Jugendstil, aber berühmt sind die Klofrauen: Sie sind noch grantiger als die Kellner, und egal, welchen Obolus man auf ihren Teller legt, immer knurrt die Klofrau vom Dienst: »Da fehlen aber noch zwei Kronen.«

94_Die Trabrennbahn Bjerke

A day at the races

So aufregend wie bei den Marx Brothers geht es auf der Osloer Trabrennbahn nicht zu, leider oder zum Glück. Und auch so aufregende Hüte, wie wir das aus englischen Filmen kennen, sind dort nicht zu bewundern. Alles ist eher ruhig und bescheiden, an schönen Sommertagen sitzen ganze Familien auf den Bänken und picknicken zwischen den einzelnen Rennen, und man kann durchaus das Gefühl haben, dass die Rennen an sich eher an zweiter Stelle kommen.

Wenn vor dem jeweiligen Rennen die gleich antretenden Pferde vorübergeführt werden, brechen immerhin die anwesenden Kinder in wilde Begeisterung aus. Und wenn man sich in die Nähe der Schalter begibt, wo die Wettzettel abgegeben werden, begreift man schon, dass auch hier die Leidenschaften toben, selbst wenn die Einsätze offenbar nie so hoch sind, dass irgendwer Haus und Hof verspielen oder ein Vermögen gewinnen könnte!

Das Trabrenngelände im Osloer Stadtteil Bjerke ist das größte in Norwegen, es wurde 1928 eröffnet. Bis 1927, so lesen wir in der Hauschronik, war in Norwegen das Totalisatorspiel verboten. Wenn man auch nach dem zehnten Erklärungsversuch noch nicht begriffen hat, wie diese Wettart funktioniert, macht das überhaupt nichts. Alles wirkt so locker und gelassen, und wenn man einem kundigen Freund einen Geldschein in die Hand drückt und sagt: »Setz das mal auf XY«, dann kommt die Spannung schon von selbst. Kein Pferd heißt natürlich XY, aber sich das mit dem schönsten Namen auszusuchen ist ein guter Tipp, meistens kriegt man dabei wenigstens das Eintrittsgeld zurück.

Wer keine Lust auf Picknick hat, geht ins bahneigene Restaurant Pegasus mit Platz für 1.200 Gäste (insgesamt gibt es in Bjerke Platz für 4.000 Zuschauer). Man sitzt auf überdachten Tribünen, speist Lachstatar und Schokoladenkuchen und hat dabei die 1.000 Meter lange Rennbahn die ganze Zeit voll im Blick.

Adresse Bjerke Travbane, Refstadveien 27, 0589 Oslo | **ÖPNV** Bus 31 bis Bjerke | **Öffnungszeiten** jeweils eine Stunde vor Beginn des ersten Rennens (gilt auch für das Restaurant), www.bjerke.no | **Tipp** Hartnäckig hält sich die Vorstellung, die Trabrennbahn liege in Årvoll, wo es zwar viele Attraktionen gibt, aber die Rennbahn ist eben doch im benachbarten Bjerke. Aber wenn man schon hier ist, lohnt sich ein kleiner Spaziergang zum Årvoll-Hof, einem alten Bauernhof, der jetzt als Begegnungs- und Aktivitätszentrum dient.

95_Die Trachtenwelt

Wo man sich norwegisch einkleiden lassen kann

Norwegen ist ein Trachtenland, das sehen wir bei allen möglichen Gelegenheiten. Lange Zeit waren es fast nur Frauen, die Trachten trugen, die Männer bevorzugten ganz normale schwarze Anzüge. Männer in Tracht waren meistens echte Trachtentänzer oder Angehörige irgendeines Vereins, so konnte es durchaus passieren, dass auf dem obligatorischen Abiturfoto alle Mädchen einer Klasse Tracht trugen und alle Jungs zum letzten Mal ihren Konfirmationsanzug. Seit wenigen Jahren aber greifen immer mehr männliche Wesen zur Tracht. Böse Zungen behaupten, die männliche Trachtenverweigerung habe damit zu tun, dass in den meisten Gegenden der Herr Kniebundhosen trägt – wer keine wohlgeformten Waden vorweisen kann, hat also schlechte Karten. Manche Männer behalfen sich angeblich mit Wadenpolstern! Neuerdings sehen wir aber mehr und mehr Männer in Tracht mit langen Hosen!

Es gibt unendlich viele norwegische Trachten, aber das ist das Grundmodell: Für Frauen eine Art Trägerrock, darunter eine weite Bluse, dazu ein Mieder, das am besten mit reichlich Silberschmuck besteckt ist. Das zeigt den Wohlstand der Familie, und in früheren Zeiten konnte eine Braut damit beweisen, dass sie nicht ohne eigenes Vermögen auf den Hof des Bräutigams übersiedelte. Männer tragen zur Hose eine kurze Jacke, eine Weste und ein möglichst buntes Halstuch. Kopfbedeckungen scheinen so gut wie nie dazuzugehören. Das norwegische Trachteninstitut wacht streng darüber, dass bei der Trachtenherstellung nicht von der Tradition abgewichen wird.

Wer sich norwegisch kleiden oder einfach jede Menge Trachten und deren Bestandteile bewundern möchte, ist richtig in einer Filiale von Heimen Husfliden. Trachtenteile von der Stange, Maßanfertigungen oder einfach ein bisschen Silberschmuck für den Busen. Was immer das trachtenliebende Herz begehrt, hier ist es zu haben!

Adresse Rosenkrantz' gate 8, 0159 Oslo | **ÖPNV** U3 bis Stortinget | **Öffnungszeiten** Mo–Fr 10–17 Uhr, Sa 10–16 Uhr | **Tipp** Nach so viel Trachtenbuntheit ist der Anblick eines grauen Herrn im Gehrock beruhigend. Eine der bekanntesten Skulpturen in Oslo ist die von König Haakon VII. auf dem 7. Juni-plass. Der Bildhauer Nils Aas schuf das Standbild 1972.

96_Tronsmo

Oslos Kultbuchhandlung

Egal, wie oft man in Oslo fragt, welcher Ort unbedingt erwähnt werden muss – die Antwort ist immer dieselbe: Tronsmo. Um zu begreifen, was diesen Buchladen so einzigartig macht, brauchen Menschen aus Ländern mit anderer Buchhandelskultur eine kurze Erklärung. In Norwegen gibt es so gut wie keine unabhängigen Buchhandlungen mehr. Die großen Verlage haben ihre eigenen Buchladenketten. Deren Filialen verkaufen zwar auch Bücher anderer Verlage – dazu verpflichtet sie das Gesetz. Aber wenn die Bücher so ausgelegt werden sollen, dass die Kundschaft sie auch entdeckt, muss der Originalverlag dafür bezahlen. Für die großen Verlage mit den eigenen Ketten gleicht sich das natürlich irgendwie aus, kleine oder neue Verlage sind hoffnungslos benachteiligt. Und Leser, die sich für ausgefallenere Titel interessieren, natürlich auch. Deswegen ist die Existenz einer einzigen unabhängigen Buchhandlung mitten im Zentrum von Oslo so erwähnenswert.

Tronsmo wurde bereits 1973 gegründet, damals, auf dem Höhepunkt der Gegenkulturbewegung, um der etablierten, als bürgerlich empfundenen Literatur der großen Verlage etwas entgegenzusetzen. Tronsmo gehört heute einer Aktiengesellschaft, auch Sie können eine Aktie erwerben, wenn Ihnen der Laden gefällt.

Es gibt immer eine reiche Auswahl an norwegischen Neuerscheinungen, vor allem natürlich von kleineren Verlagen. Berühmt ist das Angebot an Comics, für die fast ein ganzer Kellerraum reserviert ist. Ein Schwerpunkt in all den Jahren war englischsprachige Literatur aus den USA, viele Neuerscheinungen gibt es bei Tronsmo lange, ehe sie ins Norwegische übersetzt werden, falls das überhaupt passiert. Das Angebot an Bukowski-Ausgaben ist umwerfend, und Allen Ginsberg, der hier gelesen hat, nannte Tronsmo ganz einfach den »besten Buchladen der Welt«. Man steht hier gern zum Quatschen, Kaffee gibt es jedoch leider nicht.

Adresse Universitetsgata 12, 0164 Oslo | ÖPNV Straßenbahnen 11, 17, 18 bis Tullinløkka | Öffnungszeiten Mo–Mi 9–17 Uhr, Do und Fr 9–18 Uhr, Sa 9–16 Uhr | Tipp Das Café Fugl ist ein beliebter Szenetreff mit wechselnden Kunst- und Fotoausstellungen an den Wänden. Berühmt für seine vielen Espresso-Sorten.

97 Die Ullevålseter

Easy Rider auf der Alm

Hier ist eine kleine Worterklärung angebracht: »Seter« bedeutet »Alm«, und wenn ein Orts- oder Hausname auf »seter« (andere Schreibweisen: Sæter, sæther) endet, dann können wir davon ausgehen, dass die Gegend früher einmal zu einem großen Gut gehört hat. Auch die Ullevålseter sieht nach Gutshof aus, das prachtvolle rote Holzhaus ist aber neueren Datums.

Das ursprüngliche Gut Ullevål lag im heutigen Osloer Stadtgebiet, ungefähr dort, wo sich inzwischen das Ullevål-Krankenhaus ausbreitet. Von der Almhütte, die hier einmal gestanden haben muss, sind nicht einmal Fotos geblieben. Sie war schon ab 1737 das ganze Jahr über bewohnt und unterstand als Kätnerstelle weiterhin dem Gut Ullevål. 1923 kaufte die Stadt Kristiania (wie Oslo damals immer noch hieß) die ehemalige Alm und den dazugehörigen Wald, um die Trinkwasserversorgung der ständig wachsenden Stadt zu sichern. Und da sie das Häuschen nun schon hatten, wurde es zu einem Café ausgebaut, um naturhungrige Städter mit Kaffee und Käsebroten versorgen zu können.

Während die anderen Wanderhütten in Nordmarka die ungestörte Ruhe der Natur anpreisen und Wanderer, Radfahrer und Skiläufer willkommen heißen (die natürlich auch in der Ullevålseter willkommen sind), spezialisierte man sich hier auf Biker. MC-Gruppen, Einzelfahrer, alles gern gesehen – denn auch Biker verspüren den Drang zum Busen der Natur. Und zum guten Kuchen, denn angeblich gibt es in der Ullevålseter den besten von Nordmarka.

Wenn Sie bei dem Namen Ullevålseter an den mehrfachen Welt- und Europameister, den Motorradrennfahrer Pål Anders Ullevålseter denken, dann liegen Sie genau richtig. Er stammt wirklich aus einer früheren Pächterfamilie. Die vielen Pokale, die im Kaminzimmer des roten Hauses zu bewundern sind, sind allesamt den Siegen des großen Sohnes dieser Alm zu verdanken!

Adresse Nordmarka 897, 0891 Oslo | ÖPNV U-Bahn-Linie 1 bis Frognerseteren | Öffnungszeiten Di–So 9–17 | Tipp Mit der U-Bahn-Linie 5 bis Sognsvann fahren. Im Sommer lädt der gleichnamige See zu einem erfrischenden Bad ein, jederzeit ist der gut ausgeschilderte (Ski-)Wanderweg nach Ullevålseter ein Naturerlebnis ersten Ranges!

98 Um Gardermoen herum

Ruhe, wo man sie am wenigsten vermutet

Den Flughafen Gardermoen gibt es schon seit 1998, aber er kann die Gemüter weiterhin erregen – so ungefähr alle in Oslo und Umgebung erzählen zu gern Horrorgeschichten über ihre Flughafenerlebnisse, vor allem über ausgefallene Flüge, weil der Flughafen im schlimmsten Nebelloch Ostnorwegens angelegt wurde. Der alte Flughafen Fornebu war ungeheuer beliebt, denn er lag am Stadtrand. Wenn man es eilig hatte, war ein Taxi erschwinglich, und Nebel gab es nur selten. Kein Wunder, dass die Verschwörungstheorien blühen und es immer wieder neue Krimis gibt, in denen jemand unter Lebensgefahr entlarvt, wer damals wen bestochen hat, um Gardermoen den Zuschlag zu geben.

Das mit 1998 stimmt übrigens nicht. Das erste Flugzeug landete bereits 1912 in Gardermoen. Die Gegend war damals nämlich ein Truppenübungsplatz, der alte Flugstreifen wurde nach und nach ausgebaut, von den Nazis erweitert und nach 1946 von der norwegischen Armee als Militärflughafen genutzt. Wegen der soldatischen Vergangenheit glauben viele, der Name habe etwas mit der königlichen Garde zu tun, aber in Wirklichkeit bezieht er sich auf einen alten Gutshof (gård), der seit dem Mittelalter hier lag. »Mo« bedeutet »Heide«, und das deutet an, dass es eine schöne Umgebung gibt.

Wenn Sie also in Gardermoen ankommen, warum nicht erst mal hierbleiben und sich Norwegen ein wenig erwandern? In der Umgebung gibt es inzwischen eine Menge Hotels und andere Unterkünfte, und an Sehenswürdigkeiten können wir nicht weniger als 24 kleine Toteisseen nennen, die am Ende der letzten Eiszeit durch das Wasser der abschmelzenden Gletscher entstanden sind.

Die Nähe des Flughafens tut Flora und Fauna keinen Abbruch, eine Menge Vögel und heidetypischer Gewächse fühlt sich hier wohl, seit die Soldaten abgezogen sind und nicht mehr durch wilde Zechgelage die Ruhe von Mensch und Tier stören.

Adresse Gardermoen Lufthavn, Sigrid Undsets plass 1, 2060 Gardermoen | ÖPNV Bahnlinie R10, F12 und Flytoget (eigener Terminal in Oslo S) bis Gardermoen | Tipp Das Museum der Gegend, das Ullensaker Museum, zeigt volkskundliche Zeugnisse aus der Geschichte der Region, Erinnerungen an die Zeit als Militärgelände und an die frühe Flughafenperiode.

99 Der Universitätsvorplatz

Wo Ibsen jeden Tag seine Uhr aufgezogen hat

Ein Schauspiel, das damals zu *den* Osloer »Sehenswürdigkeiten« gehörte (ungelogen!), fand jeden Tag um 13 Uhr statt. Der weltberühmte Dichter Henrik Ibsen (1828–1906) begab sich von seiner Wohnung in der Arbiensgate zu Oslos Prachtstraße Karl Johan. Dort, ziemlich am Ende gelegen, erhebt sich das 1841 bis 1853 errichtete ehemalige Hauptgebäude der Universität. Es ist ein Prachtbau, stattliche Säulen zieren den Eingang. Und davor stand also Ibsen, zog seine Uhr auf und stellte sie.

Hier fangen nun die Schwierigkeiten an, wenn wir es ihm nachtun wollen. Die Uhr ist nämlich nicht mehr vorhanden, und ein Foto von Ibsen beim Uhraufziehen ist nicht erhalten. Alten Aufnahmen zufolge war sie genau über der Mitte des Eingangs angebracht, wenn wir uns also eine gerade Linie von dort über den Vorplatz bis zur Straße denken und uns irgendwo auf dieser Linie postieren, können wir nicht viel falsch machen.

Ibsen war damals nicht nur ein weltberühmter Dramatiker, sondern auch ein Medienereignis, jeder seiner Schritte wurde beobachtet und von der damaligen Klatschpresse kolportiert. Noch heute ist ein Stadtrundgang durch Oslo ohne den Besuch zahlreicher Ibsen-Erinnerungsorte undenkbar. Angeblich standen jeden Tag um 13 Uhr in gebührender Entfernung die Fans und stellten ihrerseits ihre Uhren, egal, ob sie den Zeitmesser über dem Eingang sehen konnten oder nicht. Es reichte ja, wenn der Meister das tat.

Ibsen, der 1891 nach Victoriaterrassen gezogen war, war damals schon recht beleibt, zudem trug er immer einen viel zu engen Gehrock, was ihn noch fetter aussehen ließ. Auf Fotos macht er ein Gesicht, als wolle er fragen: »Habt ihr schon jemals etwas so Wohlgenährtes gesehen wie mich?«

Dass er sich nach dem Uhrenaufziehen dann die Straße entlang ins Grand Café begab, wundert da überhaupt nicht.

Adresse Karl Johans gate 47, 0162 Oslo | ÖPNV U-Bahn bis Nationaltheater (alle Linien) | Tipp In der Uni gibt es zwei sehenswerte Säle: Gamle Festsalen mit Wandmalereien des norwegischen Malers Peder F. Wergmann und die Alte Aula mit Wandgemälden von Edvard Munch.

100 Valkyrieplassen

Wo Witwen schmausen

Valkyrieplassen, also Walkürenplatz, das klingt nach Wagneroper! Hier war vielleicht nicht so viel Leidenschaft im Spiel wie bei Wagner, aber auch an diesem kleinen Platz in Majorstua hat das Schicksal heftig zugeschlagen. Fast 60 Jahre lag hier der Eingang zur U-Bahn-Station Valkyrieplassen. Fahrgäste, die sich in Oslo nicht auskannten, wunderten sich regelmäßig, warum es circa 100 Meter vom großen Umsteigebahnhof Majorstua entfernt noch eine Station gab – die Schuld liegt, wie gesagt, beim Schicksal.

Beim Bau der Bahnlinie Holmenkollbanen brach 1912 ein so großes Stück Straße ein, dass es billiger war, an der Einsturzstelle gleich eine neue Station anzulegen. Als 1986 die U-Bahn-Station um zwei Bahnsteige erweitert werden sollte, krachte abermals die Decke samt Straße herunter. Um Geld zu sparen, wurde nun die ganze Station stillgelegt. Die unterirdische Bahnsteiganlage ist erhalten und steht unter Denkmalschutz. Auf Fotos sehen die Bahnsteige und das Deckengewölbe eher karg aus, sie gelten aber als Meisterwerk des neoklassizistischen Architekten Kristoffer Lange (1886–1977).

Die Station wird bisweilen auch genutzt, es gibt dort Ausstellungen, Konzerte und manchmal einen »Tag des offenen Denkmals«. 2017 wurde dort die norwegische Krimiserie »Valkyrien« gedreht, die unter diesem Namen auch von deutschsprachigen Streamingdiensten übernommen wurde.

Über der Station befindet sich ein kleiner Park, Enkeparken genannt – also »Witwenpark«. Der Ursprung des Namens ist unbekannt. Eine Möglichkeit sind die Bäckereien, die um den Platz herum liegen. In früheren Zeiten kauften Witwen, die sich keinen Cafébesuch leisten konnten, dort ein Stück Kuchen und trafen sich dann im Park zu einem Schwätzchen. Ein Vergnügen, das man sich bei einem Oslobesuch auch heute unbedingt gönnen sollte, gerne auch mit noch quicklebendigem Lebenspartner.

Adresse Valkyriegata 7, 0366 Oslo | **ÖPNV** U-Bahn bis Majorstuen (alle Linien), danach circa 100 Meter dem Bogstadvei in Richtung Innenstadt folgen | **Öffnungszeiten** U-Bahn-Station: nur unregelmäßig geöffnet, Informationen bei der Touristeninformation, www.visitoslo.com/en/tourist-information-centre; Park: rund um die Uhr | **Tipp** Auf den Fundamenten des alten Eingangs erhebt sich jetzt das spitze Dach der Imbissbude Valkyrien Grill, wo es, behaupten Kenner der Materie, die größte Auswahl an Würstchen mit aller Art Zubehör von ganz Oslo gibt!

101 Der Vår Frelsers Gravlund

Hier liegen sie alle!

Der Erlöserfriedhof ist sozusagen die gute Stube in Oslos Gräberwelt und daher gut gepflegt. Eine prachtvolle Grünanlage, schön zum Spazieren und um zwischendurch die Gräber der Großen der norwegischen Geschichte zu bestaunen. Es gibt einen Ehrenhain, wo die besonders verdienstvollen Toten liegen. Ihre Verdienste sind allerdings nicht immer sofort erkennbar. Henrik Ibsen samt Gattin? Leuchtet ein. Aber Sohn und Kindeskinder? Norwegens Nationaldichter Bjørnstjerne Bjørnson? Klar doch. Der andere Nationaldichter, Henrik Wergeland, liegt zwar auch auf dem Vår Frelsers Gravlund, aber in einer »ehrlosen« anderen Abteilung. Der Friedhof wurde 1808 eingeweiht, die erste dort Bestattete war die Pastorenwitwe Anna Lange Thulesius (unklar bleibt, wo der dazugehörige Pastor liegt).

Wer sich nicht unbedingt für alte Gräber interessiert, kann sich über alte Bäume und eine reiche Blumenwelt freuen (und abends natürlich auch über Kaninchen, Füchse und anderes Getier). Viele der hier Bestatteten sind heute in Norwegen nur Historikern oder Literaturfans bekannt, andere Namen sorgen weiterhin für reichlichen Andrang. Die Grabsteine und Grabmale sind sehr unterschiedlich gestaltet, manchmal reich und fast schwülstig, andere sind eher schlicht gehalten. Der Maler Munch liegt hier, der Bürgerschreck Christian Krohg (siehe Ort 53) samt Gattin Oda, der Königin der Christiania-Bohème; Hans Gude, der Schöpfer von Norwegens bekanntesten nationalromantischen Gemälden, ist ebenso im Ehrenhain bestattet wie Viggo Hansteen, der von den deutschen Besatzern erschossene Widerstandsmann, und seine Frau Kirsten Hansteen, nach dem Krieg Norwegens erste Ministerin. Ibsens Grab ziert ein Hammer, eine Anspielung darauf, dass er wie ein Bergmann die tiefer liegenden Strukturen der Gesellschaft freigelegt hat.

So phantasievoll sind die Grabstätten gestaltet, ein Besuch auf dem Erlöserfriedhof ist einfach ein Muss für den Oslobesuch.

Adresse Akersbakken 32, 0172 Oslo | **ÖPNV** Bus 37 bis Akersbakken | **Öffnungszeiten** rund um die Uhr | **Tipp** Die Gamle-Aker-Kirche im Nordosten des Friedhofs, eine romanische Basilika aus dem 12. Jahrhundert, wurde aus Kalksteinen aus einem nahe gelegenen Steinbruch auf dem heutigen Friedhofsgelände erbaut.

102 Die Vigeland-Anlage

Die so oft ignorierte Melancholikerin

Die Vigeland-Anlage im Frognerpark ist eine der bekanntesten Sehenswürdigkeiten Norwegens, überall in der Stadt stößt man auf Abbildungen dieser wuchtigen Granitgestalten, alle nackt, Männer mit strotzenden Muskeln, Frauen mit strotzenden Brüsten … aber es gibt dazwischen durchaus Skulpturen, die nicht Vigelands arischem Ideal entsprechen. Beliebt ist Sinnataggen, der kleine Zornbengel, der wütend mit dem Fuß aufstampft. So beliebt ist er sogar, dass fast in Vergessenheit geraten ist, dass er keine Einzelskulptur ist, sondern zu einer Vierergruppe gehört.

Die vier Kindergestalten sollen die vier Temperamente darstellen. Sinnataggen ist natürlich der Choleriker, die anderen verkörpern das phlegmatische, das sanguinische und das melancholische Temperament. Die kleine Melancholikerin hat auf jeden Fall einen Besuch verdient. Sie steht ihrem wütenden Bruder gegenüber und scheint ihr Leben in seinem Schatten verbringen zu müssen – ein Schicksal, das zu Lebzeiten Gustav Vigelands (1869–1943) gar zu vielen Schwestern zuteilwurde. Wie alle Gestalten der Anlage ist die Melancholikerin nackt, sie hat die Handflächen nach außen gekehrt und lässt die Arme hängen. Sie wirkt fast wie gelähmt, wie unter Schock. Jedenfalls sieht sie auf den ersten Blick so aus. Vielleicht hat sein schlechtes Gewissen dem Künstler bei der Arbeit den Meißel geleitet. Einige Vigelandforscher glauben nämlich, dass Vigelands Kinder Else und Alf Gustav die Vorbilder für die beiden Skulpturen waren – nach der Trennung von seiner Lebensgefährtin Laura Mathilde Andersen wollte Vigeland mit den beiden nichts mehr zu tun haben.

Aber die kleine Melancholikerin sieht trotz allem so aus, als könnte sie jederzeit die Hände heben und sich energisch zur Wehr setzen. Und das stimmt froh und macht den Besuch bei ihr zu einem Muss bei jedem Oslobesuch.

Adresse Nobels gate 32, 0268 Oslo | ÖPNV Straßenbahnlinien 11, 12, 13, 17, 18, 19, U-Bahn bis Majorstua (alle Linien) | Öffnungszeiten rund um die Uhr | Tipp Das Frognerbad gleich nebenan hat mehrere Becken von unterschiedlicher Tiefe, Planschbecken, drei Wasserrutschbahnen, Kiosk. Es ist Norwegens bekanntestes Schwimmbad.

103 Vika

Das Oslo der Bausünden

Ob man Vika wirklich gesehen haben muss, ist heiß umstritten in der Osloer Fanszene. Es ist das südlich von Karl Johan in die Innenstadt geklotzte Viertel mit den hohen Büro- und Kaufhauspalästen. Hier gibt es edle Orientteppiche, elegante Einrichtungsgegenstände aus Illums Bolighus, wer einen Promianwalt anheuern möchte, hat hier reiche Auswahl … und wenn man sich für Baugeschichte interessiert, kann man grauenhafte Bausünden aus den 1960er und 1970er Jahren bestaunen.

Aber Vika ist auch ein Stadtviertel mit langer Geschichte. Durch die Straßen des alten Vika ließ Knut Hamsun in seinem weltberühmten Roman »Hunger« seinen Helden wandern. Hier spielt der Roman »Albertine«, der den Maler Christian Krohg zum Bürgerschreck Nummer eins machte (siehe Ort 53), hier, in den verwinkelten Gassen in Hafennähe, gab es Spielhöllen, Flüsterkneipen, Bordelle, Kramläden, Buchantiquariate, Imbisse, wo frisch gebratener Fisch verkauft wurde! Und den Westbahnhof, falls man allem entkommen wollte. Bis in die Jahre nach 1950 war Vika das verrufenste Viertel von Oslo. Um die Mitte des 20. Jahrhunderts jedoch war Sanierung angesagt. Wie es schon damals üblich war, wurde alles abgerissen und durch protzige Klötze ersetzt.

Dennoch – ein Gang durch Vika lohnt sich, nicht nur aus Lust an der Scheußlichkeit. Es ist historischer Boden, und an manchen Ecken glauben wir, noch einen Hauch des alten Vika wahrzunehmen. Es gibt vieles zu entdecken – hier und da eine Pop-up-Galerie, einen kleinen Laden, der aufs Überleben hofft und doch beim nächsten Besuch verschwunden ist, seltsame Skulpturen wie einen im Asphalt versunkenen Eisenbahnbrückenbogen – und Oslos schönsten Blumenladen!

Der Besuch bei Vika Blomster ist wie ein Schritt in eine andere Welt, schon der Eingang mit den vielsprossigen Fenstern wirkt wie der Weg in eine Schatzhöhle voller Düfte!

Adresse Vika Blomster, Ruseløkkveien 26, 0251 Oslo | ÖPNV Straßenbahnen 32, 54, 81 bis Dokkveien | Öffnungszeiten Mo–Sa 10–18 Uhr | Tipp Victoriaterrassen: Hier sind die Prachtbauten aus der Gründerzeit erhalten, hier wohnte Henrik Ibsen eine Zeit lang, hier hatte von 1940 bis 1945 die Gestapo ihr Hauptquartier. Heute sind hier, wie überall in der Nachbarschaft, elegante Geschäfte untergebracht. Auf alten Fotos sieht Victoriaterrassen aus wie ein gewaltiges Märchenschloss.

104 Die Villa Fridheim

Ein Ausflug in die Märchenwelt

Villa Friedensheim – das klingt doch gar nicht märchenhaft, denn die norwegischen Märchen stehen den deutschen an Blutrünstigkeit und Grausamkeit wirklich in nichts nach. Das prachtvolle Holzhaus von 1892 wurde allerdings auch nicht als Märchenmuseum errichtet, der Bauherr wollte selbst darin wohnen. Es war Norwegens erstes Fertighaus – und wo man schon so modern war, wurde dann gleich auch fließend Wasser und eine dampfbetriebene Zentralheizung eingebaut. Im 20. Jahrhundert wurde das Haus als Hotel genutzt, während der Olympischen Winterspiele 1952 logierte hier die Weltpresse.

Nach 1960 verhinderten neue Brandschutzvorschriften die weitere Nutzung als Hotel, das Haus fiel in eine Art Dornröschenschlaf und sollte schließlich angezündet werden und der lokalen Feuerwehr als Übungsobjekt dienen. Nun regte sich der Volkszorn, und die Zerstörung konnte verhindert werden.

Das Haus wurde zum der norwegischen Märchenwelt gewidmeten Museum. Es gilt als nationalromantisches Prachtstück, errichtet im sogenannten Drachenstil (natürlich mit Drachenköpfen als Giebelzier!), die Innenausstattung ist vollständig erhalten. Wobei die auf 49 verschiedene Weisen behandelten Holzleisten (auf die bei der Führung durch das Haus zweifellos zu Recht hingewiesen wird) vermutlich die meisten Besucher weniger beeindrucken als die vielen Märchenillustrationen, die hier ausgestellt sind. Die großen norwegischen Märchenmaler – Theodor Kittelsen, Gerhard August Schneider und Erik Werenskiold – sind hier vertreten, ab und zu werden Sonderausstellungen zeitgenössischer Märchenillustrationen arrangiert.

Die Villa Fridheim ist in Norwegen sehr beliebt als Filmkulisse – beim Besuch kann es leicht passieren, dass man einen bestimmten Raum nicht betreten darf, weil dort gerade die dramatische Schlussszene einer aktuellen Fernsehserie gedreht wird!

Adresse Villa Fridheim, Bjørøya 100, 3536 Noresund | **ÖPNV** Eisenbahnlinie L13 bis Sandvika, dann Bus 200 bis Hønefoss, von dort Bus 241 bis Noresund | **Öffnungszeiten** Mi–Sa 12–16 Uhr | **Tipp** Wenn Ihnen das zu weit ist, dann bietet die sogenannte Märchenbrücke (Eventyrbro) in Oslo ein bisschen Ersatz. 1937 wurde die Brücke mit Bronzefiguren des Bildhauers Dyre Vaa (1903–1980) bestückt und trägt seither im Volksmund den Beinamen »Märchenbrücke«.

105 Das Vinmonopolet

Wenn man in Norwegen einen trinken will

Das königlich norwegische Weinmonopol – das klingt wunderbar und edel, wie ein Hoflieferant, bezeichnet aber eine Reihe von staatlichen Geschäften, in denen Alkohol verkauft wird, genauer gesagt Wein und Spirituosen. Bier gibt es dort nicht, denn Bier dürfen in Norwegen auch normale Lebensmittelgeschäfte verkaufen. Es kann auch jeder Ort sich weigern, ein Vinmonopol aufzumachen. Zum Glück sind die Regeln in Oslo nicht so streng wie anderswo im Land.

Die staatlichen Alkoholläden wurden 1922 ins Leben gerufen, nachdem das nach US-Vorbild eingeführte Alkoholverbot sich als grandioser Fehlschlag entpuppt hatte. Zunächst wurden die Verkaufsstätten so düster und ungastlich eingerichtet wie überhaupt nur möglich – die Kundschaft sollte ja im staatlichen Auftrag vom Alkoholkauf abgeschreckt werden. Man schaute in der Liste der vorhandenen Waren nach, trat schüchtern an den Verkaufstresen und bat um das Gewünschte. Die Flaschen wurden dann in Tüten gepackt, die so unbeschreiblich anonym waren, dass wirklich alle sehen konnten, wo man gerade eingekauft hatte. Auch das sollte abschreckend wirken. Tat es aber nicht, und nach 1980 kam es dann zu Lockerungen.

Ein Vinmonopol sieht heute aus wie ein normaler Weinladen, man wandert an den Regalen entlang, sucht sich das Gewünschte aus – und geht zur Kasse. Dort wird man nicht wie früher gefragt, ob man wirklich fünf Flaschen braucht, eine täte es doch auch. Die Tüten sind heute mit dem Monogramm des Vinmonopols verziert, V und M in vielfacher Umschlingung.

Teuer ist es allerdings weiterhin. Amtliche Statistiken teilen Jahr für Jahr mit, dass nur ein Drittel des in Norwegen konsumierten Alkohols in einem Vinmonopol gekauft wird. Das zweite Drittel stammt aus Schweden, wo alles viel billiger ist, das letzte Drittel ist illegal gebrannter Fusel!

Adresse Vinmonopolet, Karl Johans gate 37, 0162 Oslo | ÖPNV U-Bahn bis Nationaltheatret (alle Linien) | Öffnungszeiten Di–Fr 10–18 Uhr, Sa 10–16 Uhr | Tipp Wenn Sie nun eingekauft haben, dann kommen Sie ja nicht auf die naheliegende Idee, sich mit einer schönen Flasche Wein auf eine Parkbank zu setzen. Alkoholkonsum in der Öffentlichkeit ist in Norwegen streng verboten – es sei denn, Sie sitzen in einem Straßencafé, aber da dürfen Sie den in Polet erworbenen Wein ja auch nicht trinken.

106 Vintage Guitar

Der Osloer Gitarrenhimmel

Dieser Laden ist einfach das Traumziel für alle Gitarrenfans – es gibt Gitarren aller Art und Ausstattung, vor allem berühmt ist das reiche Angebot an Instrumenten für Linkshänder! So stellt sich Vintage Guitars auf seiner Website vor: »Wir betreiben Vintage Guitars mit großer Begeisterung für etwas speziellere Instrumente, und wir haben umfassende Erfahrung im Umgang mit älteren Sammlerstücken, zum Beispiel älteren Martin-Gitarren, Fender- und Gibson-Gitarren aus den 1950er und 1960er Jahren und den ausgefalleneren amerikanischen Folk-Instrumenten. Ebenso kennen wir uns aus mit neueren Produkten.«

Defekte Gitarren werden in der hauseigenen Werkstatt repariert, mitgebrachte Gitarren werden bewertet und in manchen Fällen angekauft. Außerdem gibt es alles rund um das geliebte Instrument: Saiten, Capos, Verstärker … Viele Instrumente und alles an Zubehör können auch online erstanden werden.

Aber eigentlich geht man ja hin, um selbst eine Gitarre zu erwerben. Was bei dem Riesenangebot natürlich schwierig ist, und billig sind sie leider alle nicht. Die Wahl fällt auf jeden Fall furchtbar schwer. Weshalb hier häufiger Stars der norwegischen Musikszene herumlungern und ein Instrument nach dem anderen in die Hand nehmen. Zum Glück arbeiten hier nur Gitarrenfans, auch als Nicht-Star darf man also endlos lange eine Gitarre nach der anderen ausprobieren, und es gibt nicht einmal einen bösen Blick, wenn man dann doch keine nimmt.

Solche Dialoge sind dort immer wieder zu hören: Potenzieller Käufer, mit verliebtem Blick auf das Instrument, auf dem er seit einer Stunde spielt: »Die ist sicher teuer.« Verkäufer deutet ein Nicken an, was soll man denn auf so eine Frage schon antworten? »Kostet die so viel wie ein Haus?«, fragt nun der Möchtegernkäufer. »Nein, nein«, sagt der Verkäufer beruhigend. »Nur so viel wie eine Hütte.«

Adresse Vintage Guitar Oslo, Torggata 28, 0183 Oslo | ÖPNV Bus 34 bis Jakob kirke, Bus 37 bis Hammerborggt | Öffnungszeiten Mo–Mi, Fr 10–18 Uhr, Do 10–19 Uhr, Sa 10–17 Uhr | Tipp Das Torggata Bad gleich um die Ecke, Eingang Badstugata 2: In der ehemaligen Badeanstalt gibt es in der alten Schwimmhalle eine große Markthalle mit Spezialitäten aus aller Welt. Im Untergeschoss warten Cafés und Musikkneipen auf Besucher.

107 Der Weg der Wasserfälle

Wer Wasserfälle mag

Der Akerselv, der Oslo von Norden nach Süden durchfließt und damit in eine Ost- und eine Weststadt teilt, heißt erst seit etwa 400 Jahren so, vorher finden wir ihn unter Frysja (der kühle, frische Fluss). Im Zuge der Industrialisierung wurde er zu einem ziemlichen Dreckloch, doch die Umweltschäden sind nun größtenteils beseitigt, und seit 2015 tummeln sich dort sogar wieder Lachse!

Der Akerselv entspringt aus dem See Maridalsvannet und mündet unterhalb der Osloer Oper in den Oslofjord, die letzten 500 Meter legt er durch einen Tunnel zurück. Eine Wanderung am Akerselv gehört unbedingt zu den großen Osloer Erlebnissen! Auf einer Strecke von nur 8,2 Kilometern muss er einen Höhenunterschied von fast 150 Metern überwinden, und dafür hat er sich nicht weniger als 23 Wasserfälle zugelegt. Die Osloer Wanderbroschüren werden bei deren Beschreibung geradezu poetisch! Hier ein paar Beispiele: Zwischen Svartdalen und Lodalen stürzt sich der Springarfoss aus dem Stausee Meyerdam über 4,5 Meter in die Tiefe. Dieser Wasserfall wird oft Spinnerfoss genannt, weil gleich unterhalb früher eben viele Spinnereien lagen, deren Maschinen mit Wasserenergie betrieben wurden. Bei hohem Wasserstand ist er einer der wildesten Wasserfälle am Fluss. Gleich darunter fällt der Bukkehornfoss zwei Meter zum Pjaskedam ab, und gleich darunter folgt dann der Trautarfoss. Es hat eigentlich gar keinen Zweck, sich alle Wasserfallnamen merken zu wollen, zumal fast jeder mehrere Namen hat, und bei jedem streiten sich die Gelehrten um Herkunft und Bedeutung.

Die Wanderung am Fluss entlang ist davon unberührt, es gibt wunderbare Natur, 106 Vogelarten brüten am Akerselv, mehr als 200 Pflanzenarten sind registriert, darunter eine Menge prachtvoller Bäume. Der Weg führt zudem vorbei an Industriedenkmälern, von denen viele jetzt gemütliche Gaststätten beherbergen!

Adresse Sagene, Oslo | **ÖPNV** Bus 20 von Majorstua (wo alle U-Bahnen halten) bis Sagene, dann nach Lust und Laune am Fluss entlangwandern | **Tipp** Das Hønse-Lovisas hus ist ein idyllisch, natürlich an einem Wasserfall gelegenes rotes Holzhaus aus dem 19. Jahrhundert. Die Hühner-Lovisa ist eine Figur aus dem Schauspiel »Ungen« von Oskaar Braaten von 1911, es gibt keinen Beweis dafür, dass der Autor beim Schreiben dieses Haus vor Augen hatte, aber der Name hat sich im Volksmund festgesetzt.

108 Das Weihnachtshaus

Wo der Weihnachtsmann wohnt

An der schmalsten Stelle des Oslofjords hat der Weihnachtsmann seine norwegische Adresse – dieser viel beschäftigte Mann hat klug gewählt. Bis vor wenigen Jahren kam es vor, dass der Fjord zwischen Oslo und Drøbak gefror, und dann konnte er mit seinem Rentierschlitten die kurze Strecke über das Eis fahren.

Anzutreffen ist er in dem 1877 errichteten, ehemaligen Gebetshaus wohl nur selten, aber seine Angestellten sind das ganze Jahr hindurch eifrig am Werk: Sie beantworten Post (das Weihnachtshaus hat einen eigenen Stempel), führen durch das romantische Holzhaus, verkaufen Weihnachtsschmuck aller Art. Norwegisches Design dominiert, viele Dekorationsstücke stammen aus der hauseigenen Werkstatt, aber auch Räuchermännlein aus dem Erzgebirge wurden schon gesichtet. Das ganze Jahr hindurch ist das Weihnachtshaus gut besucht, in den Wochen vor Weihnachten herrscht natürlich gewaltiges Gedränge. Aber dann kann man danach Zuflucht suchen und in einem der vielen Cafés des pittoresken Badeortes Drøbak einen Weihnachtspunsch trinken. Und durch die Gassen mit den liebevoll restaurierten Holzhäusern schlendern.

Drøbak war durch seine ideale Lage bereits im 17. Jahrhundert ein wichtiger Fährort, in eisreichen Wintern diente es Schiffen aus Oslo, die keine offene Fahrrinne nach Hause mehr vorfanden, als Liegeplatz. Die Fracht solcher Schiffe wurde dann per Pferdeschlitten in die Hauptstadt geschafft. In den warmen Monaten wurde Drøbak zur beliebten Sommerfrische der wohlhabenden Osloer Kaufleute, und noch heute laden die vielen Sandstrände in Ortsnähe zum Badespaß ein.

Ansonsten gibt es ein reiches Angebot an urigen kleinen Läden und Galerien mit vor allem lokaler Kunst. Ein Werk eines Drøbaker Künstlers ist zu einem beliebten Treffpunkt geworden: die Skulptur »Drei Meerfrauen« (»Tre Havfruer«) von Reidar Finsrud am Hafen.

Adresse Julehuset, Havnebakken 6, 1440 Drøbak | **ÖPNV** Bus 500 von Oslo S bis Drøbak | **Öffnungszeiten** Mo–Fr 10–17 Uhr, Sa 10–16 Uhr, Heiligabend 9–12 Uhr, 1. und 2. Weihnachtstag 10–15 Uhr | **Tipp** Mitten im Fjord und dicht bei Drøbak liegt seit 1848 auf der Insel Søndre Kaholmen die Festung Oscarsborg, die die Zufahrt nach Oslo sichern und feindliche Angriffe abwehren sollte. Ihren stolzesten Moment hatte die Festung am 9. April 1940, als mit einem gezielten Schuss das deutsche Schlachtschiff Blücher versenkt wurde, was die Invasion in Norwegen verlangsamte und dem König die Flucht ermöglichte.

109 Das Widerstandsmuseum

Die düstere Seite der Geschichte

Auf dem Festungsgelände von Akershus (siehe auch Ort 2) befindet sich das norwegische Widerstandsmuseum (Norsk Hjemmefront-museum). Akershus spielte zur Zeit der Besetzung des Landes durch deutsche Truppen eine große Rolle, weniger strategisch als symbolisch. Und weil Akershus eben für den norwegischen Verteidigungswillen stand, fand die offizielle deutsche Kapitulation dort statt – am 11. Mai 1945. Am 24. Oktober wurde auf dem Festungshof der norwegische Naziführer Vidkun Quisling erschossen, eine der letzten Todesstrafen, die in Norwegen vollstreckt wurden, 1950 wurde die Todesstrafe abgeschafft.

Für deutsche Besucher ist der Gang über den Festungshof noch zusätzlich mit argen Beklemmungen verbunden. Hier auf Akershus verurteilte der spätere baden-württembergische Ministerpräsident Hans Filbinger deutsche Deserteure zum Tode – so auch am 15. März 1945 den 22 Jahre alten Matrosen Walter Gröger. Das Urteil wurde sofort vollstreckt, Filbinger gab den Schießbefehl und konnte, als er deshalb 1979 seinen Posten als Ministerpräsident räumen musste, noch immer nichts Schlimmes daran finden, »was damals Recht war, kann heute nicht Unrecht sein«.

Das hat wenig mit dem heutigen Akershus zu tun, der Gedanke daran drängt sich jedoch auf – im Widerstandsmuseum sehen wir dann, was Quisling, Filbinger und ihre Kumpane der norwegischen Bevölkerung angetan haben. Wir sehen Ausstellungen zur Geschichte des Widerstands, zum Alltag der Bevölkerung und zu den berühmten Sabotageaktionen. Der verschleppten und ermordeten norwegischen Juden wird ebenso gedacht wie der zu Tode geschundenen sowjetischen Kriegsgefangenen. Sogar die berüchtigten Verhörzellen, in denen die Gestapo von mutmaßlichen Widerständlern »Geständnisse« zu erpressen versuchte, wurden rekonstruiert. Eine riesige Präsenzbibliothek ermöglicht eigene Forschungen.

Adresse Akershus Festning, Bygning 21, 0150 Oslo | ÖPNV U-Bahn bis Nationateatret (alle Linien) | Öffnungszeiten Sept.–April täglich 10–16 Uhr, Mai–Aug. 10–17 Uhr | Tipp In Bygning 16, dem alten Kornmagazin, befand sich das gesamte 19. Jahrhundert hindurch Norwegens strengstes Zuchthaus. Alle berühmten Mörder und Betrüger Norwegens saßen hier, dazu fast alle Anführer des samischen Aufstandes von 1852.

110 Wurst-, Øl- Und Pølsebar

Wurst, Bier und Quänen, eine ganz besondere Kneipe

Na ja, die Quänen sind nicht immer dort, haben aber jeden Monat einmal ihren Stammtisch, genannt Kvene-kaffe, ein Treffen, wo die Angehörigen dieser Minorität zusammenkommen, ihre Sprache sprechen, Kontakte knüpfen, einander mit Rat und Tat zur Seite stehen und auch gern Fragen von zufällig anwesenden, kontaktsuchenden Ausländerinnen beantworten. Die Quänen wohnen eigentlich viel weiter im Norden, ihre Vorfahren sind im frühen Mittelalter aus Finnland gekommen. Sie sprechen eine Art altertümliches Finnisch. Viele von ihnen landen zur Ausbildung oder wegen der besseren Arbeitsmöglichkeiten in Oslo, daher der Stammtisch. Der ist natürlich nicht die einzige Attraktion dieser wunderbaren Kneipe mit dem polyglotten Namen »Wurst-, Øl- og Pølsebar«, also Wurst, Bier und Würstchenbar.

Im »Wurst«, wie die Stammgäste liebevoll sagen – mit norwegischer Aussprache, das klingt ungefähr wie »Würscht« –, gibt es Livemusik und die in Norwegen ungeheuer beliebten Quizabende, vor allem aber gibt es Wurst aller Art, dazu jede Menge Craftbeer von kleinen norwegischen Brauereien. Die Gerichte haben schöne Namen – »Hans Bratwurst« zum Beispiel wird serviert mit eingelegten roten Zwiebeln, Sauerkraut und Gurke. Der Restaurantkritiker einer großen Osloer Tageszeitung lobte den Geschmack, fand aber, die Wurst habe »zu wenig Bisswiderstand«. Sofort wurde er von der Osloer Wurstesserszene belehrt: Das sei schließlich eine Weißwurst gewesen, die dürfe keinen Bisswiderstand haben. Die Wurst war allerdings gebraten. Wir sehen, Wurstessen kann in Oslo zum Erlebnis werden.

Ein weiteres schönes Wort ist »Wartewurst«, das ist eine Wiener für zwischendurch, sie wird serviert, damit dem Gast das Warten auf die Hauptwurst nicht zu lang wird. Und bis man sich bei der reichen Auswahl an Senfsorten entschieden hat, ist die Hauptwurst meistens schon zur Stelle!

Adresse Wurst-, Øl- og Pølsebar, Torggata 11, 0181 Oslo | ÖPNV Bus 34 bis Jakob kirke, Bus 37 bis Hammerborggt | Öffnungszeiten Mo–Do 13–0.30 Uhr, Fr–Sa 13–3 Uhr, So 16–0.30 Uhr | Tipp Am besten planen Sie Ihren Besuch im Wurst für einen Dienstag. Dann können Sie vorher das Norwegische Pfadfindermuseum besuchen. Alles über die Pfadfinderbewegung, international und in Norwegen (Norsk Speidermuseet, Storgata 3, geöffnet Di 10–15 Uhr).

111 Der Y-Blokk

Oslos Stolz und Oslos Schande

Als am 22. Juli 2011 der Nazi Anders Behring Breivik im Osloer Regierungsviertel eine Autobombe hochgehen ließ, blieb ein Gebäude unversehrt, der Y-Block. Das wurde zunächst als Symbol gefeiert: Das Gebäude hat die alten Nazis und den neuen überlebt, es zeigt Oslos Widerstandskraft. Diese Widerstandskraft sollte schon bald erneut auf die Probe gestellt werden. Denn das teilweise zerstörte Regierungsviertel musste schließlich wiederaufgebaut werden, und da kam bei den Verantwortlichen der Gedanke auf, man könnte doch allerlei verändern und verbessern und den Y-Block abreißen. Kleinigkeiten wie die Tatsache, dass das Gebäude unter Denkmalschutz steht, können einen braven Bürokraten doch nicht beirren. Nun aber tobte der Volkszorn, und nicht nur der.

Die halbe Welt meldete sich zu Wort, sämtliche großen Museen, die UNESCO, die Kulturkommission der EU und Picassos Nachlassverwalter. Die eine Abschlusswand des Y-förmigen Gebäudes ist nämlich eins von dessen Meisterwerken. Es heißt »Die Fischer« und zeigt in vielen Details eben Fischer bei der Arbeit. Picasso hatte das Bild entworfen, sein norwegischer Freund und Kollege Carl Nesjar übertrug es mit Sandstrahlgerät auf die Mauer aus Naturbeton. Und wie in der Kunstwelt üblich gibt es, was die Bilderstürmer total übersehen hatten, Verträge mit Picasso: Das Bild darf nicht einfach entfernt, verändert oder beschädigt werden, sonst werden hohe Schadensersatzzahlungen fällig. Der Kompromissvorschlag, »Die Fischer« einzulagern und an einem der geplanten neuen Regierungsgebäude einen Platz dafür zu finden, wurde damit hinfällig.

Die Lage ist weiterhin unklar: Der Y-Block soll abgerissen werden, aber erst, wenn für das Bild eine Lösung gefunden ist, mit der alle einverstanden sind. Das kann also dauern. Entweder stehen Sie beim Besuch vor Oslos größter Baustelle oder vor einem von Picassos (in jeder Hinsicht) größten Werken!

Adresse Akersgate 44, 0180 Oslo | ÖPNV U-Bahn-Linie 5 bis Stortinget | Tipp Einfach die Akersgate entlangschlendern, hier hatten alle großen Zeitungen ihre Redaktionen, bis sie in billigere Gegenden am Stadtrand umgezogen sind. Noch gibt es ein paar alte Kneipen, in denen die Presseleute herumhingen und Nachrichten austauschten.

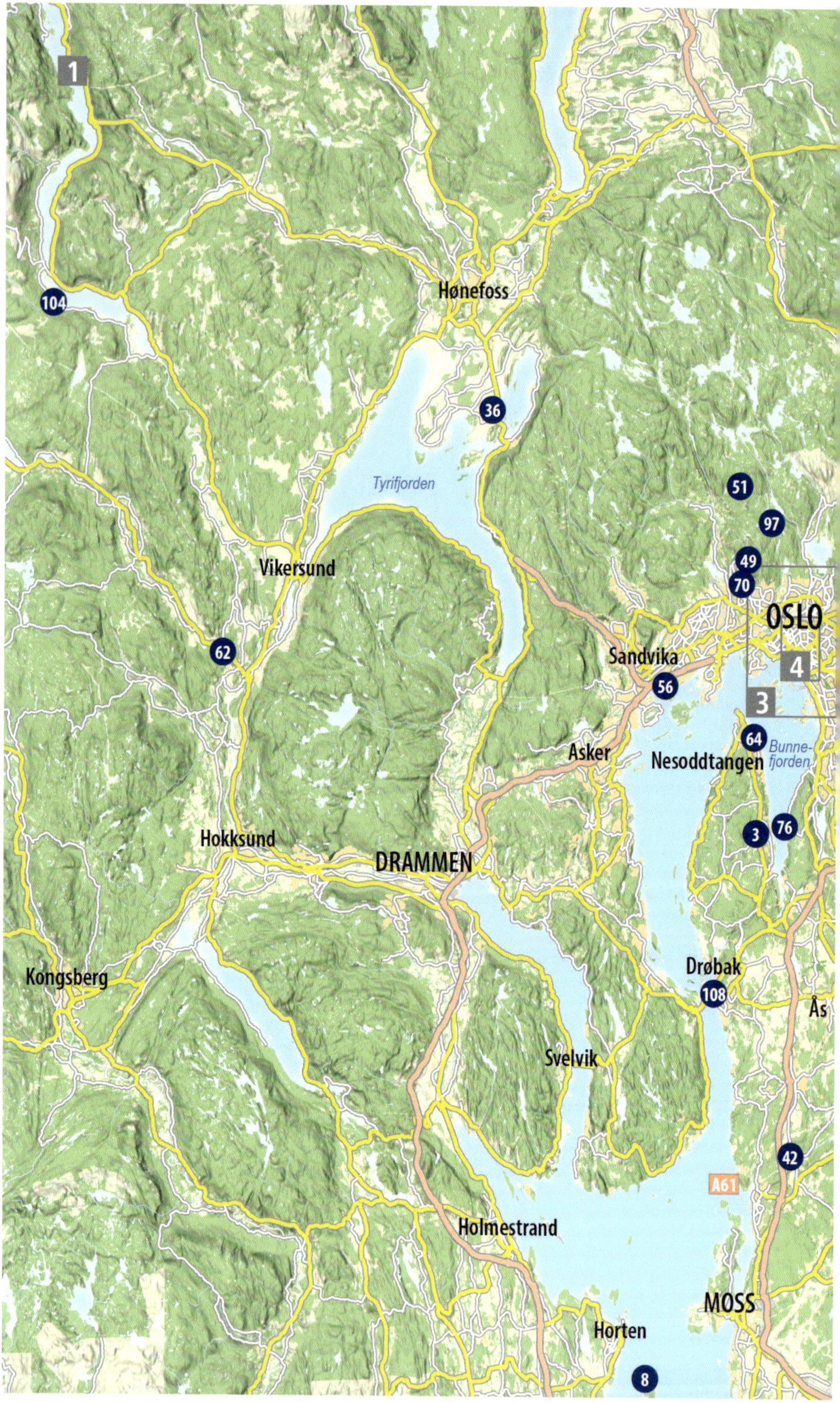
1
104
Hønefoss
36
Tyrifjorden
51
97
49
70
OSLO
Vikersund
62
Sandvika
4
56
3
64
Asker
Nesoddtangen
Bunne-
fjorden
3
76
Hokksund
DRAMMEN
Drøbak
108
Kongsberg
Ås
Svelvik
42
A61
Holmestrand
MOSS
Horten
8

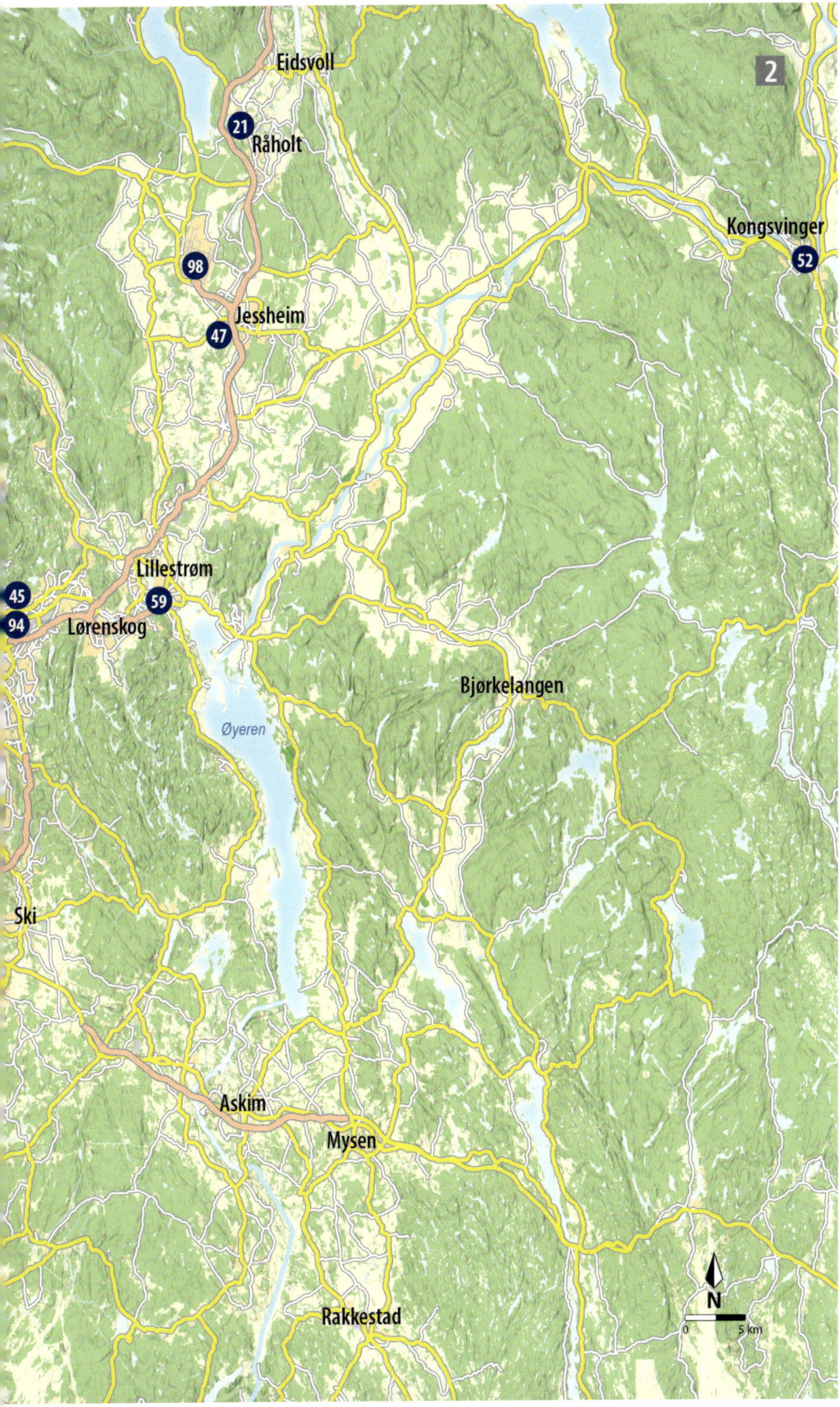
2
Eidsvoll
21
Råholt
Kongsvinger
52
98
Jessheim
47
Lillestrøm
45
59
94
Lørenskog
Bjørkelangen
Øyeren
Ski
Askim
Mysen
Rakkestad
N
0
5 km

3
4
Brekke
Kringsjå
Kjelsås
Korsvoll
Vettakollen
Nordberg
Grefsen
Sogn
Slemdal
Nydalen
Tåsen
Gaustad
Berg
Ris
Storo
Disen
Sandaker
Ullevål
Vinderen
Bjølsen
Blindern
Smestad
Sagene
Borgen
Marienlyst
Torshov
Sinsen
Adamstuen
Volvat
Frøen
Heggeli
Fagerborg
Majorstuen
Rosenhoff
Frogner-
parken
Dælenenga
St. Hanshaugen
Carl Berner
Bislett
Skøyen
Hasle
Grünerløkka
Rodeløkka
Keyserløkka
Frogner
Gamle Aker
Uranienborg
Sofienberg
Lille Tøyen
Tøyen
Skarpsno
Enerhaugen
Ensjø
OSLO
Vika
Grønland
Kampen
Skillebekk
Filipstad
Kvadraturen
Aker brygge
Jordal
Vålerenga
Tjuvholmen
Bjørvika
Galgeberg
Bygdøy
Gamlebyen
Kværnerbyen
Sørenga
Kværner
Ekebergskrenten
Hovedøya
Ekeberg
Simensbråten
Lindøya
Nakholmen
Jomfrubråten
Bleikøya
N
Gressholmen
0
500 m
Holtet
Bekkelags-
høgda
Bekkelaget
82
7
67
18
37
83
88
31
71
102
58
12
46
100
28
40
39
87
78
5
84
77
24
86
81
29
14
25
75
85
22
23
43
44
33

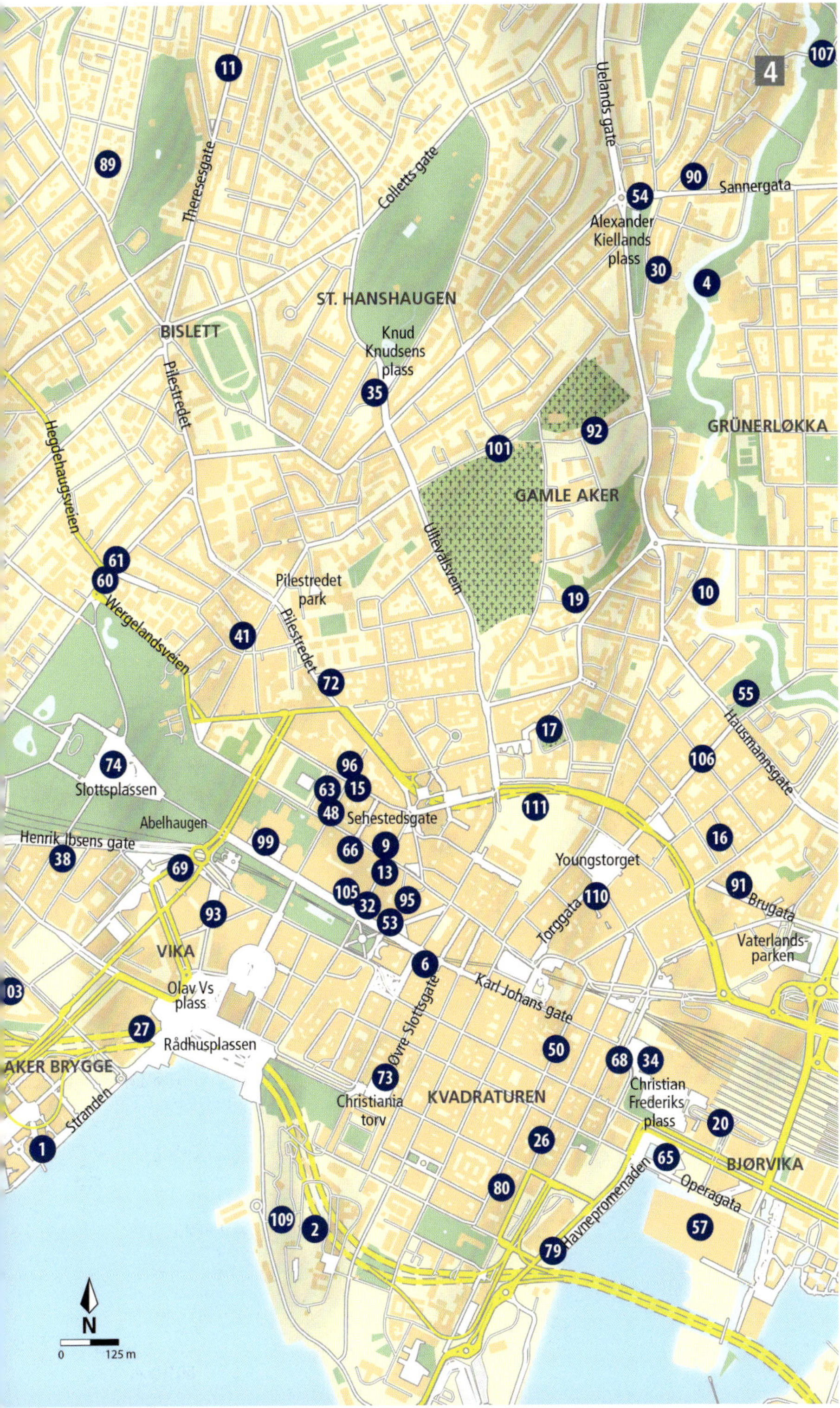
4
ST. HANSHAUGEN
BISLETT
GRÜNERLØKKA
GAMLE AKER
VIKA
AKER BRYGGE
KVADRATUREN
BJØRVIKA
Uelands gate
Sannergata
Alexander Kiellands plass
Colletts gate
Theresesgate
Knud Knudsens plass
Pilestredet
Hegdehaugsveien
Ullevålsveien
Pilestredet park
Wergelandsveien
Slottsplassen
Abelhaugen
Henrik Ibsens gate
Sehestedsgate
Youngstorget
Torggata
Hausmannsgate
Brugata
Vaterlands-parken
Karl Johans gate
Øvre Slottsgate
Olav Vs plass
Rådhusplassen
Christiania torv
Christian Frederiks plass
Stranden
Havnepromenaden
Operagata
N
0
125 m

John Sykes
111 Orte in London, die man gesehen haben muss
ISBN 978-3-7408-0970-6

Tom Shields
111 Orte in Glasgow, die man gesehen haben muss
ISBN 978-3-7408-0386-5

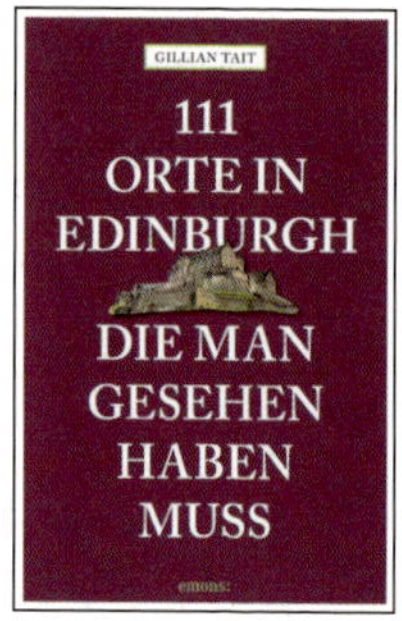

Gillian Tait
111 Orte in Edinburgh, die man gesehen haben muss
ISBN 978-3-7408-0476-3

Frank McNally
111 Orte in Dublin, die man gesehen haben muss
ISBN 978-3-95451-853-1

Lucia Jay von Seldeneck
111 Orte in Berlin, die man gesehen haben muss
ISBN 978-3-7408-1097-9

Jan Gralle, Vibe Skytte
111 Orte in Kopenhagen, die man gesehen haben muss
ISBN 978-3-7408-0243-1

Christiane Bröcker,
Babette Schröder
111 Orte in Stockholm, die man gesehen haben muss
ISBN 978-3-95451-203-4

Tarja Prüss
111 Orte in Helsinki, die man gesehen haben muss
ISBN 978-3-7408-0342-1

Kai Oidtmann
111 Orte in Island, die man gesehen haben muss
ISBN 978-3-95451-829-6

Danksagung

Vielen Dank an alle, die uns von ihren Lieblingsorten erzählt und uns herumgeführt haben, vor allem:

Monica Boe Andersen, Petra Biesalski, Marta Breen, Torgrim Eggen, Reidar Deadswan Engesbak, Erik Edvardsen, Dörte Giebel, Ingunn Grepperud, Axel Hellstenius, Levi Henriksen, Helene Hasselknippe, Helge Høifødt, Stein Lillevolden, Marie Lohmiller, Nora Lohmiller, Nina Lykke, Eva Maagero, Emil Mohr, Edvin Østergaard, Niklas Østergaard, Paula Stevens, Gabi Valentien, Kristin Valla und Martin Zwolanowski.

Gabriele Haefs, Autorin und Übersetzerin (»Sofies Welt«), hat Skandinavistik studiert und kennt sich somit im Norden bestens aus. Ein norwegischer Ehemann sorgt für Informationen aus Oslo, die nicht aller Welt zugänglich sind.

Kerstin Reimers ist Reisefotografin. Mit der Kamera hat sie Norwegen von Lindesnes bis zum Nordkap bereist.